二〇一一—二〇二〇年國家古籍整理出版規劃項目
國家古籍整理出版資助項目
安徽省文化强省建設專項資金項目
安徽省古籍整理出版基金會資助項目

桐舊集

方履中署

七

［清］徐璈◎輯録
楊懷志 江小角 吴曉國◎點校

北京师范大学出版集团
BEIJING NORMAL UNIVERSITY PUBLISHING GROUP
安徽大学出版社

本册點校　楊懷志

桐舊集

方守敦敬題

目録

卷三十一

方葆馨　徐　裕
劉保泰　蘇求莊　同校

卷三十二

王　樗　謝國華
胡　淳　蘇求敬　同校

程仕十八首……八七

程鳳一首……九四

朱雅七十首……一一四

卷三十三

王　檼　張傳枝
蘇求莊　馬起升　同校

光

卷三十四

方聞　蘇惇元
王文林　方謙　同校

卷三十五

方　聞　蘇惇元
吴元甲　馬起益　同校

卷三十一

方葆馨　徐　裕
劉保泰　蘇求莊　同校

王曰都四首

王曰都　字含虚，天啟時諸生。

曉　夢

幽樓懶性恰相宜，曉夢從酣日上遲。門外應無車馬跡，緑陰深處囀黄鸝。

早　春

南北山頭雪未消，天風猶自帶寒驕。前堤恰見青青色，何事春風愛柳條？

美人曉妝

鸚鵡樓頭喚曉妝，雲鬟委地稱身長。蘭湯洗却殘脂粉〔一〕，簾外風來別院香。

校記：〔一〕『粉』，龍眠風雅作『膩』。

迎春

招招卬友向堤遊，春日迎春皖水頭。摘得柳條鞭樣大，明朝相約〔一〕打春牛。

校記：〔一〕『明朝相約』，龍眠風雅作『來朝約共』。

王杰三首

王杰 字不疑，號廪坊，萬曆末諸生，有天耳堂集。潘蜀藻曰：『廪坊家貧，性友愛，嘗語子弟曰：「經術所以經世，惜未竟其用也。」其詩文，卒後子天璧刊之。』

畫船秋月

萬里星河白，那應坐綺〔一〕樓。只須平舸小，宛在上方幽。蟹陣鋪燈面，蟾光接埠頭。最貪三五夜，不寐學垂鈎。

校記：〔一〕『綺』，龍眠風雅作『樹』。

福興道中

海盡盡奇峰，園多茘與榕。日晴惟雨夜，雲暖不寒冬。塚仄偏多貴，田開始見農。但逢佳麗地，林氏已栽松。

舟　夜

聽風最喜漱聲流，槳擊空明蕩不收。掉〔一〕破武昌魚子浪，蘄春〔二〕春色在黃州。

校記：〔一〕『掉』，應爲『棹』。〔二〕『春』，龍眠風雅作『州』。

王彭年五首

王彭年 字幼公，崇禎己卯舉人，有寓園、燕遊、回里諸草。潘木崖曰：『先生少從其父塤鳴先生學，博涉經史，有兼人之慧，年十二即補博士弟子。生平敦崇彝紀，振人之急，如赴焚拯溺。著作甚多，可慨也已。』

詠〔一〕鹽

水花散金錢，烹煮相輸灌。富國先富商，東齊與西漢。士人管刀錐，劉宴紆〔二〕宵旰。余經山陽塗〔三〕，父〔四〕老知條貫。天時無古今，地産無治亂。蒙叟去害馬，治平茲得半。

校記：〔一〕龍眠風雅無『詠』字。〔二〕『紆』，龍眠風雅作『紓』。〔三〕『經』，龍眠風雅作『行』；『塗』作『道』。〔四〕『父』，龍眠風雅作『詢』。

詠〔一〕寇

洛〔二〕陽有琪樹，植根〔三〕天之中。狂風〔四〕動地來，擢拉〔五〕琪樹虆。琪葉委地白，琪花委地紅〔六〕。桃李雨中泣，弱植何由生〔七〕？爲我謝桃李〔八〕，去去報聖明。生時共華萼，死時結〔九〕長纓。

流賊毒害所至，藩王骨肉有稽。首賊前卒就刀鑊者。結末二語，大義凜然。

校記：〔一〕龍眠風雅無「詠」字。〔二〕「洛」，龍眠風雅作「雒」。〔三〕「植根」，龍眠風雅作「地建」。〔四〕「狂風」，龍眠風雅作「闖曹」。〔五〕「擢拉」，龍眠風雅作「馬奔」。〔六〕「琪花」句下，龍眠風雅有「荆襄前日惡，獻賊燔王宮。陛下肉骨親，一旦剪桐風。馬首挾鳴箏，弓衣載寶珩」。〔七〕「弱植」句，龍眠風雅作「謀臣得賄生」。〔八〕「桃李」，龍眠風雅作「謀臣」。〔九〕「結」龍眠風雅作「繫」。

詠〔一〕争

卿雲賡復旦，鳴鳥叶笙簧。嚶嚶和平中，奏假感天皇。天皇錫申甫〔二〕，外壤而内匡〔三〕。

否泰豈〔三〕天命，廣願在包荒。古處崇懿德，直諒臣所當。

明神、熹以後，朝臣競捷於口舌，所謂不心競而力争者，卒之發言盈庭，嘻嘻出出，而社以屋也。悲夫！

校記：〔一〕龍眠風雅無『詠』字。〔二〕『申甫』，龍眠風雅作『甫申』。〔三〕『外壤』句下，龍眠風雅有『西漢推仲舉，唐代有奇章』。〔三〕『否泰豈』，龍眠風雅作『損益非』。

寄呈黄石齋先生　二首之一

名不出閭巷，慷慨懷讀書。讀書不成名，如菑弗及畬。日月倏云邁，老至血氣虚。退省益無營，不如還讀書。盛年不可得，盛名不可居。

懷宗於石齋欲殺之者數矣，然憚其名高置焉。名盛如此，詩直揭破，其亦以頌爲規耶！

汪大年回自白下招飲

山寨起烽烟，雕弓布野田。美人南國至，寒夜錦堂前。綺語江楓落，新愁渚雁遷。驃姚河上立，站站數飛鳶。

王夷吾一首

王夷吾 字爾須，崇禎間諸生。

賊退後潘九莖過訪賦贈

主賓離亂一〔一〕春餘，偶爾伻來却夏初。且喜〔二〕山中辭客舍，不妨〔三〕湖上借人居。清晨檐際〔四〕鳴乾鵲，亭午門前策〔五〕蹇驢。沽酒淹留聊〔六〕盡醉，黄爐猶自〔七〕未丘墟。

校記：〔一〕「一」，龍眠風雅作「孟」。〔二〕「且喜」，龍眠風雅作「我已」。〔三〕「不妨」，龍眠風雅作「君仍」。〔四〕「檐際」，龍眠風雅作「楊柳」。〔五〕「亭」，龍眠風雅作「向」；「前」作「庭」；「策」作「繫」。〔六〕「聊」，龍眠風雅作「須」。〔七〕「猶自」，龍眠風雅作「且喜」。

王敬修一首

王敬修 字心谷，太學生。

倪〔一〕武林畫

萬里秋江似鏡〔二〕清，無邊烟景〔三〕一舟横。微雲遠向天涯盡〔四〕，積〔五〕水長隨峽岸平。柳葉冪〔六〕魚惟見影，蘆花過雁欲〔七〕聞聲。漁〔八〕翁不識中流急，帆滿西風儘自行。

校記：〔一〕『倪』前，龍眠風雅有『書』字。〔二〕『似鏡』，龍眠風雅作『拂暮』。〔二〕『景』，龍眠風雅作『裏』。〔四〕『盡』，龍眠風雅作『出』。〔五〕『積』，龍眠風雅作『緑』。〔六〕『冪』，龍眠風雅作『藏』；『見』作『看』。〔七〕『欲』，龍眠風雅作『似』。〔八〕『漁』，龍眠風雅作『釣』。

王珆一首

王珆 字爾玉，崇禎中布衣，早卒，有壺天集。

春日過畫溪

風塵王粲孰將〔一〕迎？獨喜青山不世情。放眼懸〔二〕崖千尺瀑，驚心〔三〕弱柳一聲鶯。幾回客舉匏樽醉，此度予扶竹〔四〕杖行。怪得去來無個識，莫令猿鶴浪知名。

校記：〔一〕『孰將』，龍眠風雅作『有誰』。〔二〕『放眼懸』，龍眠風雅作『膽放翠』。〔三〕『驚心』，龍眠風雅作『魂驚』。〔四〕『竹』，龍眠風雅作『拄』。

王繼統一首

王繼統 字伯祥，號羹湖，明末諸生，有羹湖遺草。王悔生曰：『先生生當明季，國變後，棄諸生不就試，扁舟草服，放情山水間。適遇英王於江上，召與語，嘉其才，將畀以官，堅辭不受。詩五言沖淡，有陶、韋風。』

仲春

仲春氣候暖，微雨旋已晴。晨起念佳旭，欣然出柴荊。溪頭杏花白，墻角春鳩鳴。植杖語鄰叟，東皋從耦耕。

王廷元一首

王廷元 字用九，太學生，官昌邑縣佐。

中秋邗江同諸子賦〔一〕

正是觀濤候，秋晴天際寬。故人千里合，明月一江看。漁火隱殘戍〔二〕，笛聲清倚〔三〕欄。攜〔四〕尊拼盡醉，鄉思夜漫漫。

校記：〔一〕龍眠風雅詩題作中秋邗江同方平齋姪方日分賦。〔二〕「戍」，龍眠風雅作「浦」。〔三〕「清倚」，龍眠風雅作「繞晝」。〔四〕「攜」，龍眠風雅作「傾」。

王嘉之一首

王嘉之 字蓬山，崇禎間布衣，有長善堂詩稿。

兀坐

朝朝惟兀坐，問我欲何爲。林暗歸禽早，山深得日遲。苦辛羞筆硯，荏苒負鬚眉。痛飲牢騷甚，狂呼不自持。

王孫彧一首

王孫彧 字惟稷，崇禎末諸生。

懷生散從祖

別業臨江甸，幽居遠市曹。時看揚子水，近〔一〕憶廣陵濤。縣裏花將發，庭前鳳有毛。不才甘寂寞，悵念〔二〕竹林遥。

校記：〔一〕『近』，龍眠風雅作『應』。〔二〕『念』，龍眠風雅作『望』。

王大礽七首

王大礽 字以介，號願五，順治丁亥進士，官江西督粮道，有有懷堂集、騑騑草。黄交三名家詩衡評：『先生五古意蘊悠遠，尋味不盡。七古規橅杜、韓，出以新意。五七律二體俱極自然之致。督粮江西時，公餘課藝，被其獎拔者，秋闈獲雋二十餘人。在詞林時，杜門讀書，耻與時流奔競，歸隱西園，託觴詠於里中，所著有西園雜録。』

曉行 國雅選 詩衡選

夕見明月生，曉見明月落。夜夜寄相〔一〕思，宛轉照簾薄。老親當簾坐〔二〕，太息何寂寞。去年哭予季，痛絶驚成瘧。少婦與孤孫，凍餒將誰託？滿眼看予仲，多疾體復弱。出入必我咨，粗知溫凊略〔三〕。富貴非吾願，長年事緯絡。母子永相依，三公良不若。一朝告親去，倉皇走京洛。海内盡烽烟，遇知風土惡。旅次費金錢，高明誰與約。交謫棄弗顧，兩子曠所學。僮僕事嬉戲〔四〕，身老難〔五〕操作。出門悔汝聽，還期杳難度。展轉爲倚閭，憔悴中如灼。我心非木石，念此動魂魄。不嘗陟屺苦，安知懷橘樂。西路幸安行，遠音煩南鵲。何當遇子喬，頓解利名縛。歸來抛書幌，獨采西山藥。

詩衡評：『孝友之情，溢於楮墨間。』

校記：〔一〕『相』，龍眠風雅作『鄉』。〔二〕『坐』，龍眠風雅作『立』。〔三〕『略』，龍眠風雅作『恪』。〔四〕『事嬉戲』，龍眠風雅作『恣嬉嬉』。〔五〕『身老』句，龍眠風雅作『老身難勉作』。

南歸道中述所見

北走畏風雷〔一〕，南還當盛夏。昔年苦戰争，頻歲豐禾稼。緣畝勸流離，積逋蠲肆赦〔二〕。麥棟半登場，瓜藤已滿架〔三〕。人貧漸樂生，穀賤無虞詐。海内崩析〔四〕久，樂此風景乍。壯士知〔五〕詩書，健兒息〔六〕騎射。民氣一朝靖〔七〕，鼓車安所駕。掃軒環竹栢，觴詠永秋夜。

校記：〔一〕『雷』，龍眠風雅作『霜』。〔二〕『肆』，龍眠風雅作『大』；句下有『烟村挂酒簾，頽壁添茅舍』。〔三〕『瓜藤』句下，龍眠風雅有『園肥繁棗杏，女惰空桑柘。傳舍輪蹄頻，成樓鈴柝罷』。〔四〕『析』，龍眠風雅作『離』。〔五〕『知』，龍眠風雅作『好』。〔六〕『息』，龍眠風雅作『疲』。〔七〕『靖』，龍眠風雅作『静』。

寄贈吴來章

山居之樂不可窮，况乃偃仰浮丘東。浮丘有峰〔一〕三十六，神斤巧琢嗟天工〔二〕。蒼巖曉夕態百變，雲霞往往藏〔三〕其中。飛仙遇之不能去，人間亦有蓬萊宫。君懷瀟灑出塵表，萬事一笑浮雲空。買田築室山之麓，欲使坐卧飱青濛。君能愛山山愈好，巖花笑與幽人通。有時攜壺醉松下〔四〕，山月送我歸簾櫳。羡君適情自能爾〔五〕，安知萬鎰尊〔六〕三公？

校記：〔一〕『峰』，龍眠風雅作『巖』。〔二〕『斤』，龍眠風雅作『鏤』；『嗟』，龍眠風雅作『極』。〔三〕『雲霞往往藏』，龍眠風雅作『往往雲霞吐』。〔四〕『壺醉松下』，龍眠風雅作『酒臨白石』，句下有『有時把釣追清風，有時醉卧松竹下』。〔五〕『情自』，龍眠風雅作『志遂』；句下有『浮丘何殊龍井沖？唐西獨省有家法』。〔六〕『尊』，龍眠風雅作『與』。

西園〔一〕 名家詩衡選

咫尺城西側，地偏人意遐。鶴閒能伏子，蘭静自開花。石磴清泉繞，茅檐翠竹遮。蘧然午夢熟，不到五侯家。

黄交三評：『幽芳襲人，結尤高曠。』

西苑觀獵〔一〕 名家詩衡選

西苑朝来紫气横，並宣材武〔二〕出龍城。營開細柳驅三面，賦獻長楊壓两京。綵〔三〕仗遥隨春霧合，雕〔四〕鞍競逐晚霞明。侍臣共上升恒頌，喜見銀河浄洗兵。

校記：〔一〕龍眠風雅『獵』後有『應制』二字。〔二〕『材武』，龍眠風雅作『將相』。〔三〕『綵』，龍眠風雅作『御』。〔四〕『雕』，龍眠風雅作『歸』。

送郭卧侯之安定 詩衡選

一帆東下訪林宗，最喜燕臺數過從。餘子翩翩誇倚馬，使君落落到盤龍。彈箏峽暮春泉迅，振履堆前夏雪封。西顧一時聊借箸，相期長樂候晨鐘。

盤龍，周盤龍也，虚實作對。

喜徐逸上夜至

經年不作端明夢，深夜忽傳星使來。燒燭捉衣冠復側，臨階把臂笑還猜。人間石閣長相憶，馬踏金橋幾度回。莫道騑騑凌曉發，明朝且醉草堂杯。

王　宣五首

王　宣　字化卿，號虚舟，江西諸生，寓桐。

汪未央攜酒見過[一]

汪東，魯人。

紫驊[二]玉盤陀，黄流金叵羅。感時深謝客，懷舊[三]獨相過。共作蘇門嘯，羞爲燕市歌。向來知己意[四]，只覺[五]一人多。

校記：[一]龍眠風雅詩題作汪未央攜酒見過其人東魯高士極慎許可。[二]『驊』，龍眠風雅作『馬』。[三]『懷舊』，龍眠風雅作『愛我』。[四]『意』，龍眠風雅作『少』。[五]『只覺』，龍眠風雅作『此日』。

曹元甫攜具謝樓同方密之賦

樓頭美酒貯〔一〕黄金，樓外高天覆緑岑。蛤吠稻粱千畝合，鴉盤竹樹〔二〕一溪陰。桓劉草草興亡事，李謝寥寥正始音。俯仰只今吾輩在，相逢惟有淺深斟。

劉裕、桓温，指四鎮言。李白青山、謝脁樓，指登樓言。

校記：〔一〕『貯』，龍眠風雅作『如』。〔二〕『盤竹樹』，龍眠風雅作『翻雲雨』。

飲方玉成園林

花前十日三相見，習習香風步履輕。馬笠故人悲半在，雀羅門客見交情。檐飛乳燕過新社，草緑横塘對晚晴。萬事共君頭白裏，獨餘尊酒是平生。

周公廟

周公遺廟魯城東，想像靈光識故宮。碧瓦金題渾不識〔一〕，離離禾黍動秋風。

周公廟在曲阜城東，本朝重新之，廟貌巍峩，一如至聖。又洛陽廟亦同。

校記：〔一〕『渾不識』，龍眠風雅作『人不見』。

答客

劍隱芙蓉卧草茨，十年心事藥爐知。何人錯認田光在，不似先生少壯時。

王天璧四首

王天璧 字照文，號甓亭，順治乙酉舉人，官陽穀知縣，有存心堂詩。潘蜀藻曰：『甓亭妻郎氏賢孝，崇禎辛巳避寇亂樅陽，賊追之，急躍入龍潭死焉。甓亭嘗購青灣數畝，相傳爲李伯時山莊故址。』

梅花片茶行更試雲〔一〕製岕片松蘿作

春山社後雨如麻，天蛇閃擊香女車。一聲催出黃金芽，白雲峰頂紛騰拏。筐籠明月歌誼譁，林驚暗走初生麔。仙人玉杯深〔二〕流霞，手向柔條怯慢〔三〕加。陰崖雀舌令金鴉，茸茸欲溼鮫〔四〕綃紗。親以雲光之麗珈，試以冰筋之寒牙。星星活火動谽谺，微陽時候飛灰葭。五花岕片蒸晴霞〔五〕，脈理全整無皴斜。吴姬粉面半周遮，清風拂拂〔六〕生梅花。此種近出張公家，國香遂與涂老誇。主人底事作生涯，一朝賣盡空豪奢。涂老去後張亦遐，至今不復來荒〔七〕衙。何人巧思偏復賒，摹來顧渚渾無差。越僧更製松蘿嘉，黄磁斗貯幽蘭芭〔八〕，枯腸鳴〔九〕索水晶瓜。月團暧暧鐺中蝦，空齋獨啜頻咨嗟。念爾根移不再華，那堪更問鳩盤茶。

筆格蒼健，亦龜張之學韓也。

校記：〔一〕『雲』，龍眠風雅作『霍』。〔二〕『深』，龍眠風雅作『探』。〔三〕『慢』，龍眠風雅作『漫』。〔四〕『鮫』，龍眠風雅作『絞』。〔五〕『岕片蒸晴霞』，龍眠風雅作『片片落晴沙』。〔六〕『拂拂』，龍眠風雅作『馥馥』。〔七〕『荒』，龍眠風雅作『官』。〔八〕『芭』，龍眠風雅作『葩』。〔九〕『鳴』，龍眠風雅作『叫』。

黄石港曉發

晚泊村烟暝，晨興早溯洄。鐘鳴僧舍近，人語網船來。港月孤篷滿，江星萬頃開。恬波行十里，高枕意幽〔一〕哉。

校記：〔一〕『幽』，龍眠風雅作『悠』。

過天界寺贈石潮和尚

竹杖迷參訪，松關久寂寥。師携雲入定，客與鶴來朝。注水澆饑火，安心養學苗。眼光渾欲迸，知是慧根饒。

郭　泰

洛下容與錦纜開，河干雜遝衆賢來〔一〕。親持藻鑑非多事，老作津梁亦愛才。處士有星都犯月，角巾無雨不驚雷。傷心最是瞻爰泣，屋上慈烏只自猜。

校記：〔一〕『河』，龍眠風雅作『江』；『衆賢』作『譽髦』。

王虬三首

王虬 字雲士，康熙丙午江西籍舉人有自笑草。

薦福寺

斷碣知何代，遺踪自昔〔一〕傳。寺蟠雲外嶺，僧住水中天。蘭氣香能静，松枝老更卷。莫教輕放鶴，衝破薜蘿烟。

校記：〔一〕『昔』，龍眠風雅作『古』。

同計子卜聶公端遊靈隱寺

維舟取徑入蒼崖，緑樹陰陰两岸苔。桂在月中時落蕊〔一〕，峰從天外却飛來。溪泉冷共禅心静，石室深如古德開。聞道湖山〔二〕三竺好，十年猶自滞塵〔三〕埃。

校記：〔一〕『蕊』，龍眠風雅作『下』。〔二〕『湖山』，龍眠風雅作『久知』。〔三〕『塵』，龍眠風雅作『風』。

湖　際

半江明月影迢迢，把酒臨風坐小舠。隔岸誰家年少客？緑楊深處坐吹簫。

王之楨一首

王之楨　字以安，號蜀隱，康熙時諸生，有鶴雲堂詩鈔。

同徐御占程二酉放舟岑山看紅樹次韻

豔豔隔重林，峻峻露遠岑。溪如武夷曲，花誤若耶深。甕酒得吴釀，榜歌聞越音。重陽幾風雨，還爲續登臨。

王鼎三首

王鼎 字凝士，號思蓼，康熙間貢生，有閩遊草。曾孫灼曰：『先高祖弱冠，遊京師，生平足跡幾半天下，所至賢豪長者輒延致之，詩格乃在嘉州、隨州之間。集刻於閩中，板以火燬，遂就散失。謹就殘稿録之。』

出都留别韓元少

幾年同坐京華客，遊驄踏遍長安陌。看花君早入承明，戴笠予仍歸下國。大堤楊柳緑毵毵，歸去濃春月已三。應及故園櫻笋會，可無春夢到江南。

道旁古墓

殘花野草看紛紛，三尺荒涼異代墳。前史無徵迷往迹，斷碑有字失全文。蛟龍寂寞空流水，松柏蕭森黯暮雲。駐馬誰爲吴季子，枉言挂劍慰徐君。

新水和韓司馬

鱗鱗過雨滑於油，纔是橋頭又渡頭。漲岸可憐濡草色，浮花並欲學江流。往時南浦猶相憶，此日西津更獨愁。驗取舊痕添幾許，佳人應試木蘭舟。

王玑四首

王玑　字其人，號蒿伊，雍正間貢生，官彰德知府。黄交三名家詩衡：『先生孝友至性過人，嘗刲股以療繼母疾。輕財好客，喜奬掖後進。官紹興通判，以濬水利，上聞，於是佐司空治下河水患，專濬丁溪草堰，以告成功。其爲詩，才力雄健，呑鯨吐鳳，不拘拘於一家之言，而今之能詩者，皆莫之及。』連雲堂紀名：『録王玑其人。』璈按：先生爲參議，願五公子以詩世其家。其警句如：『鹿破石蓮千載白，鶴銜珠草一爐丹。』『梧桐滴雨青移水，翡翠横波緑上人。』『明月難成黄鶴夢，春風先送紫騮車。』皆極精鍊可誦。

灘雨

驟雨扁舟急，新流漲石谿。水添雙岸濶，雲合萬峰迷。鷺白沙翻羽，鶯寒柳暗啼。一灘漁火亂，應是夕陽西。

三、四寫山中雨景，畫不能到。

龍舟 名家詩衡選

元龍湖海聚天涯，畫艇連朝逐浪斜。翡翠盤盈丹荔子，琉璃瓶浸碧蓮花。波摇旌旆驚飛舄，風過笙歌送落霞。十里樓臺榕影暗，薔薇香露隔窗紗。

舟抵章門懷先大人 名家詩衡選

憶昔糧儲領上遊，天書直下海門秋。龍沙秀色盈車馬，鳳閣雄文射斗牛。萬斛金錢充北府，千艘玉粒擁東流。風清琴鶴今何在？姓字空懸帝子樓。

黄交三評：『字字血泪，氣格沉雄。』

無　題　名家詩衡選

朱絃銀管醉春風，一曲花間似夢中。上馬不堪回首望，斷雲含雨過橋東。

『斷雲含雨入孤村』，只爲即景好句，此易下三字，便别有寄寓。詩家出奇，固在眼前，語善於變换。

王　洛十二首

王　洛　字仲涵，號懷坡，雍正癸丑進士，官吏部稽勳司郎中，有淪靈集、懷坡詩鈔。吴琴圃舟行雜詩評：『典麗似玉溪，傑驁似長吉，具此才筆，足一洗近人油滑之陋。』

舟行雜詩

自序：余以壬午之秋請假省墓，於九月望後發京師，自北徂南，凡水程所經土風物序，輒入詩歌，彙爲一集，題曰雜詩，聊以破愁水愁風之寂云。

放晴天氣豁秋光，移得秋花几案黄。故故持杯淹永日，匆匆上道了重陽。客知鱠具攜鮮至，盤似山居出釜香。只欠南山分一角，可勝清興寄柴桑。

野勢寒屯夕水清，月高叢樹影交横。木居士竊馨香舊，牛丈人曾仰望明。跋浪修鱗逸漁鼓，穿林棲鶻警沙更。誰知篷底厭厭坐，挑盡秋燈賦不成。

東坡詩：『偶然號作木居士。』天官書：牽牛星南有農丈人星。

薄霧俄收雨未霏，兼旬散逸盡情支。遥山好似無名畫，舊史時同不解棋。倦午枕移茶就熟，當風窗啟岸如馳。舟喧忽聽鄰艄觸，遮莫河堤偪側時。

題姜上均東窗夢覺圖

跳丸誰遣嬗昏曉，鼓物無言謝輮矯。衾影如避若趨營，何殊嗥囈徒紛擾。興佳有得子程子，夢覺從容日東皦。當年詩句今圖畫，丹陽先生人標表。文治重華尊禮教，蒲輪敦迫來幽篠。隨身撰著比身强，説經鏗鏗義輒了。委蛇曾聞陋綿蕝，眼不及寸雙豆小。肯使官饌負將軍，便腹孤思極要眇。嗚呼雒水春風多，簿言甯肆輷輘掉。儒者抗論有時發，如鏗洪鐘破幽窈。方今太平棲任篤，白虎異同勤探討。金華殿中語似君，稽古桓榮當世少。如何又問東窗舊，一覺江村鴻跡杳。我輩方藉警其頑，蚤作夜思清夢繞。

原注：姜纂修三禮，同館頗牴牾不樂。

苦熱用前移居韻

炎曦中天塵没車，握環有客狂思家。數畝風湍買修竹，奮鞭鸞鶴驂麞麚。黠童失笑忽舉似，黄連蜜室攢蜂衙。朝來得閒況愈下，藥竈一縷愁烟斜。勦矣勞生空咄嗟，向者豪醉紅橋花。紅雲縹露噀巾履，蓮碕柳岸酣伊鴉。淮山淮水不留客，却背鷗波勒馬撾。憂來三歎輟吟事，往就學府談羲媧。

天泉煎茶和梁右潯同用東坡試院煎茶韻

秋檐只尺松風生，詩筒遞來湯鼎鳴。想見吟身好家具，藤陰歇雨浮烟輕。我聞閤門井不落第二，何若甘露椀中出新意。沆瀣胸懷試茗煎，風味脱盡人間泉。况復雲腴壓吴蜀，留得香痕湛冰玉。平生慕古如調飢，讓君遺韻追峩眉。君言願與竹同種，竹胎佳處詩肩隨。吁嗟湯社茶囊良不乏，幾見東堂雨夕玉茗玉版同參時。

題邊頤公葦間書屋用漁洋山人題石塢山房韻

見説誰莊勝，幽人恰並居。水風融澗壑，籬援接烟墟。絃送雲空翼，歌來銅斗漁。踞牀孰賓主，高致老龐如。

寄吴翼堂同年　三首之一

出處離几堁，仙風日以强。洞天歷深曲，名嶽擁青蒼。賜有書千卷，清餘柳幾行。江淮勤斗望，都集碧山堂。

皖　口

歲晚凭孤檻，霜清萬木疏。江聲撼三楚，關勢壓群舒。暖及來南雁，豐占上市魚。時平失耕垡，又值駕潮初。

送徐階五御史赴山右

山横秋色鬱寵嵸，回拱長安上黨東。使節地當天下脊，關門人迓鮑家驄。霜凝古柏虞祠外，春在梅花戍笛中。允矣大藩維德稱，驪珠高挂日星同。

王正三日同人偕往廬山謁白鹿洞又逾三峽橋過棲賢寺　三首之二

來攜奇賞忻然遂，到眼廬山遠近迎。半嶺靈姿雲下上，九天泉脈水飛鳴。影拖寒日通樵跡，坐盎春風憶講聲。憩息忽教毛髮立，高松流響翠交横。

琳宫影卓出林幡，一水縈紆緑到門。竹色迎人銜鳥過，山光滿院共僧言。靈含寂照遺龕渺，變極人天寶相尊。莫使良辰負幽矚，傍溪小掬浣塵痕。

王夢澤一首

王夢澤　字沛遠，號東陸，雍正時州同職。

題寶蓮庵

雲開遠眺暮江邊，景物全非舊寶蓮。僧舍日長風細細，墓門春到草芊芊。洛陽太息人何在，楚澤行吟意獨憐。願借一龕勤供養，青山碧水共長年。

王師旦一首

王師旦　字厚田，號未齋，乾隆丙辰舉人，有未齋詩集。

杏雨堂舍舊講學處也聞宜述禪師僑居於此詩以寄之

老樹門前著杏花，東皇移植入僧家。林間百舌新翻貝，竹裏叢枝舊煮茶。滿座春風拈笑蕊，半窗明月映袈裟。題詩不識曾籠未，白馬於今笑五車。

王宸露四首

王宸露　字燕慈，號復齋，乾隆庚午舉人，有經藴樓詩集。

泊王家套和姚姬傳韻

去國渺無際，還家日又徐。江行千里霧，船枕一牀書。懶鼓齊門瑟，閒吟處士廬。濤聲潛逼耳，不寐欲何如？

丁家洲

蕭蕭蘆葉繞孤洲，四顧何殊水上鷗。氣接遠山青入户，波吞遥渚白侵樓。桑麻亦自成丘壑，父老無從説鼓桴。只恨元兵東下日，平章兵潰且夷猶。

賈師道兵潰於此洲。

和魯研山如圃 三首之一

大江南北水雲居，皖水金山共一廬。滿眼碧黄摇自在，迎春菘韭欲何如？三年園圃從帷鎖，一息絃歌帶字鋤。種得階前生意滿，笑他花鏡不須書。

杏雨堂即事　四首之一

平疇一帶草生烟，檻外嵐光樹杪穿。春至鳥鳴修竹裏，喚醒清夢杏花天。

王兆熊一首

王兆熊　字捹左，號易齋，乾隆庚午副榜，官廬江教諭。

秋　晚

園林蕭瑟動商飈，居伴農家樂事饒。九月前村聞釀酒，三叉仄徑看歸樵。汀沙有火秋行蟹，江水無聲夜落潮。橋上幾回車馬過，惟餘問客獨逍遥。

王　昉四首

王　昉　字方日，乾隆間諸生。

拜方正學先生墓　名家詩衡選

大節多能死，先生氣特雄。可憐十族命，只畢一人忠。春草荒墳緑，斜陽斷碣紅。到來瞻拜者，揮淚尚無窮。

三、四刻摯，刺成祖誅戮之過，自在言外。

重陽前二日武林聞雁　名家詩衡選

燈殘酒醒夢初回，城闕風清畫角哀。不斷雁聲窗外去，無窮客恨枕邊來。鄉關動作經年別，時序行驚九日催。曉起桐江重鼓棹，未知何處可登臺。

湖上雜詩

緑樹新鶯盡日啼，朱樓當日板橋西。碧桃花外香塵起，不是鈿車是馬蹄。

用意深婉。

空中臨水鳥聲孤，山在斜陽亭下湖。畫舫不離歌舞地，何人掃墓拜林逋。

王書樵四首

王書樵 字濬川，號百城，乾隆時人，有澹漪詩鈔。

浮山

凌空金碧幻樓臺，乘興登臨我輩來。赤日石林飛霧雨，青天洞壑走風雷。峰回樹色千重合，徑轉嵐光一線開。好向梵宫尋勝跡，琳琅篆刻鎖莓苔。

日月虛涵混太清，凝嵐散紫鬱崢嶸。巖花絢石霞無色，瀑水過橋雪有聲。藥竈荒涼春草暗，鐘樓隱約夕陽明。大江東下還西望，浮玉吴興枉擅名。

浮山僻在江鄉，遊屐罕至。其窈曲嵌空之致，殊勝浮玉。

題會勝岩寺壁

山鑿蜂房水倒傾，禪關幽敞午風清。雲棲高閣天垂影，人語空廊石作聲。九帶風旛傳妙諦，岩側有九帶堂，歐公及遠録禪師説法處。半窗花鳥寄孤情。閩人雷半窗題壁有「天風醉花鳥」之句，竟陵鍾伯敬亟稱賞之。摩挲舊迹登臨久，嵐翠霏襟落日明。

少年行

突騎五花馬，横張三石弓。叮嚀鉛彈子，莫打孤飛鴻。

王佑簡三首

王佑簡 字枝渠，號筠溪，乾、嘉間諸生，有筠溪詩集。

胡坦齋新居

栗里先生舊有廬，愛閒此地卜爰居。市聲不入林間牖，流水時通竈下渠。曉望湖山明似畫，春回草木緑侵書。美哉致祝同張老，笑語情深聚族餘。

寄懷友人

石榴花下別鄉關，幾月離居未往還。久隔故人無好句，歸尋舊隱有青山。雁來西嶺秋風裏，人在南窗夜雨間。寂寂離愁誰得遣？桂花香動許同攀。

夜行舟

江天鷗鷺静，兩岸柳風多。夢醒一船月，中流聞棹歌。

王祖紉一首

王祖紉 字默存，號静齋，諸生。

春晝

抛書信步暫憑欄，花落階前蝶夢殘。一日東風三日雨，小窗添得幾多寒。

王玶三首

王玶 字飲閑，號莊圃，乾隆時太學生，有種菊山房詩草。

偶作

庭前有荆樹，樹樹俱敷榮。芳枝互庇蔭，無復識異莖。草木尚如此，壎篪何弗賡？百年能幾時，細故輒相争。親故勸勉切，憤然鳴不平。吁嗟計德怨，乃在秦與荆。故舊且莫較，況乃同根生！

蕪湖阻風

明月照滄州，烟波暮擁樓。春歸江上樹，人滯客中舟。歌管聲喧雜，星河影動浮。關門原不礙，竟夕起鄉愁。

送別方菂堂

遊蹤到處儘勾留，嶺上孤雲海上鷗。最恨短長亭畔柳，不牽離客只牽愁。

王禮典一首

王禮典 字胄律，號蓮漪，康熙間諸生。

秦淮水閣仝龔伯通賦

碧水千家市，紅燈两岸樓。纔聞翻錦曲，又約上蘭舟。烟月何常好，鶯花總易愁。君看秣陵樹，蕭颯不宜秋。

王之偉一首

王之偉 字日宗，號蘇岑，乾隆時諸生，有對山樓集。

隔墻桃花

小桃紅蕚綴初匀，庭院深深宋氏鄰。五日東風三日雨，可憐愁煞隔墻人。

王爾熾三首

王爾熾 字曉映，號謹齋，乾隆間四川庫大使，有報暉堂詩存。張樊川序西征草曰：

『曉映投筆從戎，金川之役，實在行間，輓芻糧，冒鋒鏑。戎馬間關，而磨盾疾書，形諸歌詠者，音節悲壯，屈曲如意，凡得平韻三十首，曰西征草云。』

六月冒雪行

軍城六月雪霏霏，策馬披裘出毳幃。瓦沃寨連銀甲胄，斑斕山名冰結玉崔巍。平淮夜凍探狼穴，定宛霖陰伏虎威。戮力衝寒師挾纊，乘機徑搗勒烏圍。賊匪巢穴名。

答友問塞景

風景連人帶土腥，山山水水地殊形。绳橋走馬驚生翼，布幄撐霄欲摘星。澗曲亂雲穿樹白，藤梢怪石冒天青。何當王宰通神手，點染新詩札雁翎。

題張省堂金川圖

疊疊烟嵐矗矗崚，畫師拖墨與雲升。劃開箐馬前溪雨，露出旄牛六月冰。綿絡星關横海徼，匀排碉卡聳山稜。還思策馬憑虚處，指點奇峰最上層。

王坦五首

王坦 字羹梅，乾隆間諸生，有省齋詩草。

立冬前一日

秋江水淨烟波冷，衰柳寒鴉點疏影。紛紛野菊滿秋園，蕭瑟秋光誰管領？秋事明朝已謝冬，可憐秋色倚芙蓉。悲秋人復傷離別，别恨秋思幾萬重。

走馬嶺

曲屈崚嶒接募旗，嶺頭馬跡尚依稀。路通皖北江千里，山鎖桐南峰四圍。株樹林深明月暗，羹湖水落暮烟微。蕭蕭故壘蒲城址，望斷波心太子磯。

松亭山居

蘿月松風屋數間，鳴泉隔屋水潺潺。階前古木上蒼蘚，竹裏野禽飛白鷳。沽酒不嫌村店遠，看雲常伴晚樵還。徘徊動我幽棲興，未得閒錢買碧山。

山園初夏

青梅如豆緑陰肥，茅屋新晴燕子飛。紅淺紅深春事了，山花開到野薔薇。

漁父吟

釣罷歸來雪壓廬，無錢莫漫費躊躇。提壺笑指梅花處，茅屋人家酒换魚。

王樹藻二首

王樹藻 字紹芳，號蘇峰，國子監生，有蘇峰存稿。

寓巢詩

剪剔蒿蓬徑未迷，幾行菜圃問花蹊。徐公寄族原城北，杜老移家又瀼西。漠漠簾櫳飛乳燕，膠膠風雨有鳴雞。人生踪跡渾無定，倚户看雲且杖藜。

贈朱生

白马翩翩紫綺裘，相逢含笑解吴鈎。江東誰識朱家俠，共醉春風上酒樓。

王 灼四十首

王 灼 字賓麓，號晴園，乾隆丙午舉人，官東流教諭，有悔生詩鈔。周伯恬曰：『悔生爲詩沉雄健雅，卓然爲一大宗。同時如鮑桂星、張惠言，皆折行輩推事之。所著有悔生文鈔、樅陽詩選、增訂五七言近體詩選。』劉海峰評初稿曰：『初試落筆，已脱去世俗數十輩語言，后山一瓣香，不患其無所託矣。』竇東皋曰：『詩格在初、盛之間。』吴澹泉曰：『莊嚴則清廟明堂，沉着則萬鍾九鼎，高華則朗月繁星，博大則泰山喬嶽。昔人論七言云：兼斯衆美，不名一家，悔生詩其近之。』又曰：『七絶之源出自樂府，集中如邊詞、古意諸作，色古韻長，高華婉約，無妙不備，求之百餘年作者，實罕其倫。』陳滋蔸曰：『悔生詩清而不寒，華而不縟，其格高，其韻勝也。』鮑桂星題集詩：『瓦缶雷鳴久，黄鐘此獨撞。驚才汩蘇海，傑筆倒潘江。六代從風靡，三唐因壘降。請看王李後，百斛更誰扛？』李效曾王晴園傳：『君居樅陽，幼從海峰遊，兼攻詩、古文不懈，海峰亟稱許之。館於歙，與姚惜抱及歸安丁杰，武進張惠言，荆溪趙汸，歙吴定、程瑶田、方矩聚處，益切劘奮厲，以廣其才，應禮部試至都，劉文清、竇東臯、朱文正咸引重之。君古文獨守望溪、海峰宗法，介然不移。其爲詩自漢魏迄有明諸家，靡不宣究，括古今之體，成一家言。鮑覺生衡論當代詩人，以君爲冠。君氣度沖和，而操持耿介。居家備盡孝友之道，選東流教諭，以病謝歸，主祁門書院，卒年六十八。所著有悔生文鈔八卷、詩鈔六卷、樅陽詩選二十卷、今體詩選補四卷。」

雜詩　七首之一

天明驅車出，北行上太行。太行鬱巍巍，嘉樹蔽層岡。升高望大河，千里何茫茫。朔風動地起，四野號鴐鵒。我懷故抑〔一〕塞，徑欲淩風翔。流景忽西匿，暝色紛茫〔二〕蒼。舉頭衆星列，徘徊令心傷。

校記：〔一〕「抑」，悔生詩鈔作「鬱」。〔二〕「茫」，悔生詩鈔作「莽」。

雪後登浮山贈華嚴寺僧

晨興理行縢，開門向林麓。微曦動香臺，殘雪落深竹。冰寒凝未消，徑滑修且曲。搜奇屢自迷，窮幽更須燭。巖駢青倒垂，峽斷翠相屬。壁理龜兆坼，竇乳蝸角縮。欠伸石壓頂，捫歷蘚摩腹。孤情結後期，詭狀聳〔一〕前矚。空烟滅復升，寒木森似束。上人生名山，道門託緇服〔二〕。登陟每忘疲，談諧了無俗。遐哉契〔三〕遠公，邈〔四〕焉懷永叔。

校記：〔一〕『聳』，悔生詩鈔作『悚』。〔二〕『道門』句下，悔生詩鈔有『呪鉢能不聽，繙經虎馴伏。紫荈支鼎烹，黃精荷鏡劚』。〔三〕『契』，悔生詩鈔作『繼』。〔四〕『邈』，悔生詩鈔作『睠』。

詠曉鶯

初日映朱櫺，東窗〔一〕聞曉鶯。啼花嬌欲醉，拂柳弱難勝。宛轉送殘月，間關言早晴。鳳笙調翠閣，錦曲動春城。美人愁未起，旅客聽偏驚。如何將百囀，總似故鄉聲。

旖旎纏綿，最似梁簡文。

校記：〔一〕『窗』，悔生詩鈔作『墻』。

都門有懷滋㲸白巖吾山香畹諸子

百憂來無端，中庭風浩浩。駕言登西山，采彼蕙蘭草。嗟〔一〕我同心人，遠在千里道。相別令人悲，相悲令人老。疇昔芙蓉顏，如今復誰好？尺書何由將，因風託懷抱。

校記：〔一〕『嗟』，悔生詩鈔作『嗟』。

玉簫峽　齊山六詠之一

峽轉修仍曲，天容迤邐開。仙音吹縹緲，如奏紫雲回。豈是秦主〔一〕女，乘鸞月下來。

可入玉臺集中。

校記：〔一〕『主』，悔生詩鈔作『王』。

詠史　四首之一

西京多循良，酷吏亦奉職。奈何餓豺狼，猥瑣甘貪墨。牟〔一〕利盡秋毫，勿問簠簋飭。紈綺〔二〕耀其軀，艷冶擁其側。誶以窮簷情，秦越視肥瘠。鑿渠冀及泉，紛錯瓦與石。墾田望有秋，孳生蟊與賊。公廉絶請寄，豪猾跡屏息。卓哉郅河東，求之安可得。

校記：〔一〕「牟」，悔生詩鈔作「析」。〔二〕「紈綺」，悔生詩鈔作「輕紈」。

錢塘江

定包諸山金碧敷，江水溢出山盤紆〔一〕。初疑一幅素練鋪，影浮青霞混碧虛。臨安城郭如畫圖，波流轉宕東南隅。紅舷初日照芙蕖，江頭盪槳傾城姝。不歌越曲〔二〕歌吴歈，亂流而渡飄羅裾。驚飈忽起吹菰蒲，奔騰澎湃聲讙呼。勢凌三江卑五湖，江濤應候若契符。月晦及望常不渝，奇觀八月尤絶殊。海若震蕩驚天吴，巨靈疾把鞭策驅。半空聲如萬馬趨，銀山走地傾蓬壺。蹴天峩峩千尺餘，振撼坤軸摇星樞。日月沉没青天孤，赤鯨拔浪金鬐舒。蒼螭紫虬争吐珠，飈馳電掣光有無。采色倒映金珊瑚，誰能入水水不濡。乘船弄潮良可虞，當時吴越立國初，武肅神勇誇寰區。赤羽之箭紫琱弧，機發如雨神慘舒〔三〕。力與潮角潮力怜，陡使塘岸成夷途。沿岸雲集千舳艫，帆檣向背飛雙鳧。所嗟忠憤種與胥，精靈不散氣欝紆。絳衣白馬旌旗朱，乘潮出入常與俱。月黑江冷天模糊，風濤隱隱來須臾。

左蘅友評：『渾古豪宕，結□復有精力，韓公傑搆也。入後作兩番感慨，惝恍變怪，可謂游神六區，馳精八表。』

校記：〔一〕『紆』，悔生詩鈔作『紓』。〔二〕『曲』，悔生詩鈔作『歌』。〔三〕『舒』，悔生詩鈔作『吁』。

送鄧石如歸里

北風蕭蕭歲向闌，梅花雪壓疏林寒。歸裝欲整苦無計，可奈帳飲河之干。虬髯山人鄧完白，生長與余共鄉國。意氣縱横〔一〕一日成，姓名翻怪他鄉識。他鄉山水雲海奇，方笻布襪供攀躋。此間人士復不惡，把臂争與君相知。嗟君五色筆淋漓〔二〕，濡染〔三〕絹素生光輝。古鼎歕雲象緯逼，快劍截海蛟鼉悲。紫瓊青瑤錯斑駁，絳藤翠石交撑枝。當其得意風雨疾，豈數周史秦相斯〔四〕？間爲篆刻藏行篋，寶踰隋珠重荆玉。鸞綾作譜坐繙閲，雨粟横天鬼夜哭。古人不作大雅淪，海内聞士誰如君？自言半世不稱意，車馬羸敝猶風塵。雪中鴻跡此暫寄，客舍轉眼年華新。故園得歸且歸去，五柳無恙雙桐存。扣舷夜聽石塘棹，隱几晝對龍山雲。百花新釀况已熟，春盤細菜羅甘辛。把杯請呼心所親，江鄉風味殊可珍。到家芳草春應緑，倘念鷺峰遠隔人。

校記：〔一〕「縱横」，悔生詩鈔作「横從」。〔二〕「嗟君」句，悔生詩鈔作「嗟君五色之筆何淋漓」。〔三〕「染」，悔生詩鈔作「墨」。〔四〕「豈數」句，悔生詩鈔作「豈數周之史籀秦相斯」。

朱習之比部招同吴山尊侍讀鮑覺生中允極樂寺看花

長安三月草始芽，漲塵如海未見花。誰知城西古蘭若，千樹萬樹開晴霞。尚書郎官雲谷子，興發折簡招遊車〔一〕。連鑣並轡出西郭，官道近傍長河涯。紅亭碧水互隱蔽，石橋野樹相攲斜。春蔬連圃錯如繡，晴柳夾岸排成衙。到門山鵲似迎客，繞樹對語聲查查。倡柳〔二〕冶葉争爛漫，瓊砌錦石横交加。小桃紅酣海棠笑，丁香結翠疑烟遮。重闌鹿韭更豔絶，金稜一幹開雙丫〔三〕。荼䕷别院花較晚，濃香如麝吹櫓牙。紫藤含苞露未坼，走石蜿蜒驚龍蛇。其餘百種各競麗，白者堆雪紅飛椵〔四〕。綵幡金鈴好將護，忍使飄落成泥沙。寺僧延客頗解事，不愧丞相稱蘭奢。杯浮碧玉素濤起，飲我日鑄〔五〕頭綱茶。鬢絲禪榻對坐久，渾忘巾雪垂髿髿。興酣從知魚意樂，背癢如得鳥爪爬。清音況復出溪〔六〕水，何必琴筑箏琵琶。徘徊不覺日西下，遠浦已有投林鴉。城頭寒采忽照耀，爛銀盤湧金蝦蟆。歸來繁英擷滿袖，少憩樓鼓聞三撾。爐薰未燼妙香迴，髣髴鉢現優曇華。

一韻到底，挽强不懈。其結體構句置之坡谷集中，殆不可辨識。

校記：〔一〕『興發』句下，悔生詩鈔有『吴筠鮑昭當代傑，有筆艷發攄天葩。嬉春已過寒食後，韶光無價爲我賒』。〔二〕『柳』，悔生詩鈔作『條』。〔三〕『金稜』句下，悔生詩鈔有『賜名大國秦與虢，華清出浴籠輕紗』。〔四〕『飛⿰舟叚』句下，悔生詩鈔有『子母鈎帶五色錯，絢目莫誤青門瓜』。〔五〕『鑄』，悔生詩鈔作『注』。〔六〕『溪』，悔生詩鈔作『山』。

金陵過孫淵如觀察適胡雪蕉水部至因共登眺〔一〕

學古才堪〔二〕經世務，却向金陵作流寓。宅旁累石起層樓，曲曲深深蔽幽樹。歌嘯樓頭金石鳴，牙籤萬軸照朱櫺。門無俗客污苔跡，我獨沿花來叩扃。登堂殷勤問奇字，復報車聲花外至。掀髯喜是舊相知，一別三年如夢寐。人生睽合豈有常，同心四海猶同堂。況今接膝久相對，遑問此間非故鄉。樓高百尺窮登望，騰身更出青林〔三〕上。一片江山建業城，天清木落何空曠。感時超忽倚危欄，愁思茫茫來百端。三川水北妖氛黑，萬里橋西戰血殷。時秦蜀賊警未熄。至尊憂民方旰食，臣子紛紛誰許國。司馬雖營獨樂園，希文仍抱先憂策〔四〕。孫君文章〔五〕位監司，水曹郎官更善詩。身在江湖志廊廟，秋風云是出山期。出山暫就園亭息，林鳥啼聲〔六〕盡如客。此時相與恣談鋒，何日重來趿遊屐。迢迢天宇碧無聲，欲挽銀河洗甲兵。相期且待中秋夕，來看冰輪萬里清。

淵如觀察有園宅在江寧城中，没後，其園售爲鳳池書院，其宅亦易主，而生平聚書數萬卷亦瓜剖豆分。此距先生作詩時，未三十年也。

校記：〔一〕悔生詩鈔詩題作金陵遇孫淵如觀察胡雪蕉水部適至因共登其石樓眺望淵如復有中秋觀月之約。〔二〕『才堪』，悔生詩鈔作『胸羅』。〔三〕『林』，悔生詩鈔作『霄』。〔四〕『希文』句下，悔生詩鈔有『賈誼須陳治安策』。〔五〕『章』，悔生詩鈔作『學』。〔六〕『啼聲』，悔生詩鈔作『蹊花』。

浮山贈璧上人

飄然霞舉離羈絏，神貌如蘭清欲絶。竹杖曾衝廬阜雲，芒鞋猶帶峨嵋雪。買舟東下來浮山，遊遍千巖萬壑間。松花竹翠拾甯〔一〕盡，終日抱琴崖下眠。

校記：〔一〕『甯』，悔生詩鈔作『不』。

澄江歸自越東過訪因贈

昨訪鴟夷子，扁舟過若耶。春來溪上水，一半是桃花。人去空遺跡，君歸未有家。向余攜鐵笛，吹徹月輪斜。

同蕙川澹泉疏影閣看梅花

月榭隱晴霰〔一〕，雲溪鳴〔二〕夜泉。瓊樓一十二，坐我梅花巔。弄影散華佩，飛英淩紫烟。何須藐姑射，吸露訪瑤仙。

校記：〔一〕『隱』，悔生詩鈔作『蔽』；『霰』作『雪』。〔二〕『鳴』，悔生詩鈔作『響』。

所思一章寄左叔固

所思江水濆，日夕蕙烟薰。翠瑟泛華月，瑤房生白雲。無由慰幽獨，何以致殷勤。手結朱絲佩，因風遠遺君。

五律兼永明格製。

艷詞

華鐙垂四旁，羅薦置中央。石氏珠成斛，盧家桂作梁。劈箋分上客，鼓瑟進名倡。一曲還三嘆，彈成雙鳳凰。

馬命之云：『武昌畢制府每張鐙夜宴，出其姬樂皆一時名部也，此詩蓋指此。』

江上送别

江蘅如此緑，江水不勝長。樽酒聊同把，舟船是兩鄉。溪頭舵鼓發，雲外錦帆張。豈待啼猿夜，聞聲始斷腸。

登臺和友人作

高秋登大臺，秋氣正悲哉。寒日荒原下〔一〕，渾河絶塞來。山川原〔二〕設險，帷幄亦需才。胸有天人策，安能困草萊？

校記：〔一〕『下』，悔生詩鈔作『白』。〔二〕『原』，悔生詩鈔作『元』。

舟過無錫

不見雲林子，沿流過錫山。孤城背水出，歸鳥帶雲閒。越榜遲新月，吴歌唱小鬟。慧泉冰雪白，買醉翠微灣。

何蘭陔編修自新安旋里枉過寓齋話別

花外駐驂騑，花閒忽款扉。白雲非故國，寒雨滿征衣。久別驚相見，翻愁遽欲歸。鄉心正無限，齊逐馬塵飛。

宿師子林聽江丈麗田彈琴

手拄紫藤杖，言尋只樹林。幽人倚芳席，涼夜奏瑤琴〔一〕。曲曲盡琴理，絃絃清我心。聲希更無語，雲海萬重深。

江麗田，歙之逸士，隱黃山，不娶，善鼓琴。余遊黃山，則已解謝矣，墓在雲谷側。

校記：〔一〕「琴」，悔生詩鈔「音」。

汶上途中遇雪〔一〕

激激繞車鳴，衝風沙石驚。冰寒傷馬骨，雪沍噤人聲。二月氣逾凜，百昌潛未萌。悲哉萬里客，襆被尚孤征。

校記：〔一〕悔生詩鈔詩題前有「將至」二字。

春霧舟中作

重陰新解駁，雲日倍暄妍。曉甸紅生樹，春江碧漲天。水莊洲渚外，風斾堞樓前。忽憶金陵郭，垂楊倚畫船。

送張橿亭少詹之楚中

楊柳條條〔一〕近水生，春光〔二〕難遣是離情。青天碧海〔三〕方多故，少詹龍官歸，令弟秋浯亦逝。短策輕衫〔四〕更遠行。客路曉風襄漢水，人家烟〔五〕樹武昌城。此鄉舊有長沙宅，莫采芳蘭怨屈平。

校記：〔一〕『條條』，悔生詩鈔作『枝枝』。〔二〕『春光』，悔生詩鈔作『人生』。〔三〕『青天碧海』，悔生詩鈔作『鴻鷺鵷退』。〔四〕『短策輕衫』，悔生詩鈔作『川闊山長』。〔五〕『烟』，悔生詩鈔作『春』。

舉足

舉足焉能躡太空，乘雲上下御長風。卧看洛〔一〕日扶桑渚，坐屈談天碣石宮。事業泥中看〔二〕鬬獸，才名海内任〔三〕雕蟲。何如早得陰符秘，巨刻燕然已勒功。

校記：〔一〕『洛』，悔生詩鈔作『浴』。〔二〕『看』，悔生詩鈔作『嗟』。〔三〕『任』，悔生詩鈔作『愧』。

將至薊門途中雜詠　七首之一

暮城天際見高墉，磊落憑開萬古胸。馬上寒雲生涿鹿，尊前明月滿盧龍。路經淮海三千里，地跨河山百二重。燕市從來多駿骨，黄金臺館鎖芙蓉。

左衡友評：『詩有幽并豪士氣。』

長干春日戲贈張子

三月長干花滿樓，樓頭小婦擘箜篌。綃裳紫玉春霞落，寶帳紅珠夜月愁。蘭麝熏籠霏似霧，葡萄釀甕瀉如油。可憐腸斷張公子，何處垂楊繫紫騮。

寄惲子居

意氣如君我所同，兩年拋棄道途中。隨流東國悲桃梗，招隱南山負桂叢。曾笑到門題是鳳，安知出獵獲非熊。封侯自是尋常事，幾册韜鈐一臂弓。

雜詠 四首之一

濤飛颶吼捲秋雲，海上何人第一勳？帷幄幾年思將略，欃槍諸島落妖氛。孫登未報成禽死，許棟誰教扇亂聞？殺賊重洋如獮草，鹿門空泣李將軍。

此詠粤東水師提督李公長庚也，剿殄洋匪，李功多，竟以戰殁。結末如見其武勇之概耳。

附七律摘句：『薄暈沾衣榆莢雨，輕寒吹面楝花風。』『越女春車歸緩緩，吴孃暮雨唱蕭蕭。』『塞古飛狐連北口，臺空射雉過南皮。』『落日孤鴻鳴大麓，寒雲匹馬渡滹沱。』『故人豪健都忘老，異國登臨豈當歸。』

明珠寺寓齋小集〔一〕

分韻得二十一殷

禊過春三月，徵同日大昕。晉賢來濟濟，魯俗絶齗齗。倒屣忘形久，摳衣接禮勤。銜華俱蕙質，相駿摠蘭筋。騰踏驂連靳，諧和詔叶龤。誦文辭狗監，書練得羊欣。唾落珠盈軸，神凝堊去斤。跨虛遊縹緲，擲地聽砏磤。甕出青州醞，盤分碧澗芹。晶簾浮翠篆，釦器爛黄銀。照户花光入，侵筵草色蒑。坐頻移水曲，札勝到天垠。白袷時殊適，丹臺景未炘。爪泥憐暫寄，欲别意逾殷。

自平水併韻，士第知百七部之韻，不復更閲二百有六部之舊矣。此猶依用廣韻，爲唐以前之舊，是爲古調獨彈。爾雅：『大塤謂之嘂』，『大篪謂之沂』。沂本作龤，謂塤篪相協也。

校記：〔一〕悔生詩鈔詩題作明珠寺寓齋諸子小集分得五言長律限二十殷韻。

折楊柳歌

送郎折楊〔一〕柳，楊柳絲〔二〕絲齊。但恨繫儂心，不繫郎馬蹄。大堤多楊柳〔三〕，儂家大堤曲。生憎舊折痕，春來發新緑。

校記：〔一〕「折楊」，悔生詩鈔作「莫折」。〔二〕「絲」，悔生詩鈔作「已」。〔三〕「楊柳」，悔生詩鈔作「柳枝」。

讀曲歌

灼灼芙蓉花，相看略相似。昨夜秋風生，誰如我憐子。憐子，蓮子也，亦義山「入骨相思」，夢得之「東邊日出」也。

嶧　山

經過嶧山道，不見嶧山碑。却笑秦皇政，還嗟李相斯。

擬唐人邊詞

錦帶吴鈎明月環，芙蓉吐焰練光寒。邊關百丈旄頭落，解向金河永夜看。

姚惜抱評：『縱非龍標，亦是李益。』

河漢篇

河漢湯湯明月光，黄姑織女夜相望。傷心一水猶如此，可奈關山萬里長。

姚評：『真唐音。』

送鑑湖之楚時歸自吴中

曾訪焦巖瘞鶴銘，重箋笠澤種魚經。春風忽夢君山緑，直挂雲帆入洞庭。

客中與石如話別

海燕西飛鴻北飛，臨河立馬各依依。我行蹤跡如花絮，但問君行何日歸？

姚惜抱評：『神韻縹緲，非唐人不能作。』

泊蕭山

西陵渡頭争渡諠，永興城外野烟昏。杭州咫尺不能到，寒月夜潮生海門。

盧溝橋

鳳城遥隔彩雲端，一片西山立馬看。辛苦盧溝橋上月，照人來去渡桑乾。

久困公車者，不堪卒讀。

揚州冬日

郎呼艇子傍晴沙，沙上水〔一〕澌旋作花。盪過紅〔二〕橋沙幾曲，蜀岡西是阿濃〔三〕家。

校記：〔一〕『水』，悔生詩鈔作『冰』。〔二〕『紅』，悔生詩鈔『虹』。〔三〕『濃』，悔生詩鈔作『儂』。

王幹宗二首

王幹宗 字彦山，號毅亭，嘉慶辛酉舉人。

柳絮同徐壽泉劉敏齋用沈歸愚原韻 四首之一

登樓一望思何窮，雲散風流事已空。素影漸消初夜月，柔絲頻怯五更風。陽關剩有懷人夢，彭澤猶勞掃徑童。回首不勝情絶處，長條相映藥欄紅。

紅豆詞次韻　四首之一

飄泊何時問大刀，黄金臺上月輪高。花開已共離人遠，不見紅枝映碧桃。

王平十三首

王平　字蓉山，嘉慶間諸生，有素行草堂詩鈔。君少師事晝溪吴先生，與光君聿元爲姻友，嘗切摩爲詩，以三唐爲圭臬，兼工古文辭。其爲舉子業輒高語成化、宏治以前，而不偶於時。爲人落落而不事唯阿，於友朋間恒相諍以古義。卒年甫四十。

今日

今日天氣新，取酒會西鄰。列坐芳樹下，慰此平生親。肴核雖無多，相對有餘欣。春風動百草，春服喜初成。俛看涓涓流，仰聆嚶嚶鳴。撫絃各高歌，曲罷浮雲征。人生足歡樂，何用多悲辛。

中有真意，清曠似泉明。

慷慨歌

落日滿林皋，秋聲鳴樹條。壯士出門望，漠漠秋天高。百金買鞍馬，千金買寶刀。抽刀策馬去，不顧平原曠野風蕭蕭。

初夏吟

春風三月草萌芽，誰家客子遠辭家？高館沉沉晝欲暮，勝事自知長咨嗟。行吟坐惜春歸去，一春未見桃李花。桃李花飛減却春，繁華一去蹴香塵。成陰結實今何許，欲問悠悠行路人。

結末爲崔顥孟門行作一轉語。

夜坐

坐惜鶯花晚，春風尚復妍。辭家千里夢，見月兩回圓。笛奏誰爲別，膏焚輒忘眠。鷫鸘猶未脱，寒入舊青氈。

雨霽

空林微雨歇，修竹入亭陰。坐拂爐烟起，時聞山鳥音。飛花度高閣，逸興滿瑶琴。看取春光晚，相思深復深。

送律園石甫入都余將之無錫兼以留别

君空冀北群，我向江南雲。楊柳未堪折，雪花方欲紛。音從今日好，酒爲故人醺。獨有平生意，無忘永夜分。

春城曉望

春生南浦思無涯，二月山城燦物華。白水瀠洄明雉堞，緑楊深淺護龍沙。晨光暗度游絲嫋，雲影遥開石徑斜。倚徙欲尋芳草去，前溪聞有野人家。

登　樓

垂楊飛絮繞金堤，畫棟珠簾落彩霓。有客南來春日暮，大江東去海雲低。百年物態經時變，萬里風烟入望迷。極目高樓誰共賦？廣陵芳草自萋萋。

過黄天蕩

聞道此江惡，風波不易行。我辭燕子石，三尺浪無聲。

諺云：『上有六百丈，下有黄天蕩。爲語過江人，無風三尺浪。』金陵燕子磯北，即黄天蕩也。

詠卓錫泉

誌公錫已飛，泉水清堪酌。明月澹空山，青天來白鶴。

偶作 十八首之一

龍蟠雄勢鎮天關，最上峰頭舉步閒。身在江南望江北，白雲深處皖公山。

閨詞 四首之二

鶯啼月落曙光勻，裊裊東風陌上新。欲向高樓捲珠箔，不知楊柳爲誰春。
水滿横塘烟雨稀，芙蓉朝日上羅衣。誰家幼女渾閒事，笑逐鴛鴦两處飛。

王　瑯一首

王　瑯　字芝生，乾、嘉間歲貢生，官靈璧訓導。

閒　居　八首之一　芷江詩話

苔沉滿院閉門深，鎮日蕭然理素琴。敢以昏鴉矜彩鳳，却慚小草蔭長林。躍淵劍有干霄氣，出岫雲多捧日心。虛擬成連逢海上，撫絃何處是知音？

王之翰一首

王之翰　字裕民，號竹樓，嘉慶間諸生，有竹樓遺稿。

送壽泉表兄赴京兆試

冠時才孰並？慷慨北溟遊。曉日魯齊樹，清風徐泗樓。登臨舒綺繡，蹀躞騁驊騮。知有淩霄侣，龍門共掉舟。

王貫之六首

王貫之 字子一，號辛甫，灼子，道光壬午舉人。

陳範川太史邀同錢心壺給諫姚伯山大令段紉秋攜酒遊雲泉山館

亂山蒼翠裏，一徑白雲深。細溜咽幽響，四圍沉緑陰。到門惟有竹，入座但聞琴。領此静中意，應清塵外心。

楞伽峽

萬古陰森處，中通一綫流。泉聲疑作雨，石氣冷於秋。幽穴聚龍窟，懸崖巢蜃樓。臨風欲吹去，疑是小瀛洲。

再過東安道中作

蒲帆初過古端州，又向東安道上遊。處處青山回曲徑，叢叢修竹蔭清流。新秧已逗春泥出，薄霧旋兼宿雨收。惟有木棉似相識，飛紅片片送行舟。

賦贈胡小東太守即以誌别　二首之一

卧閣風清晝不扃，飛花開落緑莎廳。只知南海稱神郡，豈識東方是歲星？淡泊久安真若素，疏狂何意竟垂青？驪歌欲唱南天路，佇看文翁入漢庭。

插秧　肇慶作　十首之二

杏花時節近中和，二月江南已插禾。但得春陰連日釀，不辭紅雨溼青蓑。

節序將交穀雨前，曉晴晨起飯烏犍。呼兒共把犁鋤出，且種山腰小麥田。

卷三十二

王 櫺 謝國華
胡 淳 蘇求敬 同校

程沖然二首

程沖然 字盈之，號五嶺，天啟間諸生，早卒。

柬左綏之伯季

公子重雲外，書來愁〔一〕故人。馬卿〔二〕猶喻蜀，張禄未歸秦。筆聚〔三〕五經笥，弓韜千里城。饒知松〔四〕隱意，山水有餘春。

校記：〔一〕『愁』，龍眠風雅作『惱』。〔二〕『馬卿』，龍眠風雅作『相如』。〔三〕『聚』，龍眠風雅作『禿』。〔四〕『松』，龍眠風雅作『招』。

題黄蘗寺壁 六言

氣迸千秋雪裹，光摇萬丈雲端。百歲僧敲石磬，千年仙守〔一〕金丹。

校記：〔一〕『守』，龍眠風雅作『老』。

程芳朝十五首

程芳朝 字其相，號立庵，順治丁亥賜進士第二人，官至太常寺卿，有太常集。王士正居易録：『大興劉顯績順治丁亥爲會試同考，得王公熙、李公之芳两大學士、蔣公超、程公芳朝两鼎甲，宋公琬又詩家宗匠也。』香祖筆記：『本朝順治間，翰林清漢書者升京堂官，或徑升侍郎，如程公芳朝以丁亥榜眼及第，至侍讀學士升太常寺卿。』池北偶談：『明嘉靖二十年降安南國，爲安南都統使。本朝康熙三年黎維禔卒，遣侍讀學士程芳朝諭祭維禔，五年冊封黎維禧爲安南國王。』江南通志：『成進士對策大廷，深得開創之體。康熙丙辰以太常卿告歸，爲人平易正直，悃愊無華，天性純厚，不事園亭絲竹之娱，惜未竟其施也。』郡志：『公奉使安南，宣暢德威，不抗不抑，遠人争賦詩餞送，性嚴特，不甘依附，遂以奉常乞休。歸，杜門却掃，弗與人事。』

潘蜀藻曰：『公嘗奉宣於御前，伏几作大字，上嘉其端勁，方欲大用之，而公已移疾乞休矣。公雅不求工於聲律，然偶一興寄，春容温雅，可想見其臺閣風度也。』方畬山夜集：『程立庵寓宅詩：「我里程太史，早歲翔天路。入爲侍從臣，經術蒙眷顧。出爲多士師，畿輔歸陶鑄。名位日以崇，紛華了無預。昕夕惟閉門，讀書窮四部。墨妙宗平原，藝苑稱獨步。守己最矜廉，接物轉謙恕。」』

古意 二首之一

結髮事君子，未解工修飾。澹妝坐簾櫳，天然傅粉質。惠顧獨思〔一〕深，明珠比顔色。花蹙金縷香，風生霓裳碧。感此珍重心，微軀甯敢惜？質而不俚，穆如清風。

校記：〔一〕『思』，龍眠風雅作『恩』。

宿湘潭

日暮渡湘水，湘水清且深。美人不可見，空勞君子心。青青江上洲，已戒寒風肅。蕙蘭委蔓草，松柏媚幽獨。自我驅車來，日月如轉轂。老大歷征途，況當歲云卒。少年不可再，棲棲悲行役。

湖上別碧山草堂歌

龍眠之山高蹟屼，我家其下習而安。夢想西湖天下觀，揭來湖山〔一〕恣盤桓。時當炎歊命輿倌，欲憩無蔭足蹩跚〔二〕。草堂近在吴山巒，入門主人如舊歡。延我高坐具盤餐，茅屋數椽窈且寬。几榻蕭疏竹數竿，吟風漱雨翻清瀾。蹲踞怪石虎豹攢，屈曲蒼藤龍蛇蟠。桐陰清映石欄干，六月無風肌粟〔三〕寒。小池清淺方如盤，汲水澆花露瀼瀼。香篆成霧氣勝蘭〔四〕，秋風淅淅衣裳單。我欲返櫂别去難，安得乘風假羽翰，暮宿龍眠朝來看。

校記：〔一〕山，龍眠風雅作「上」。〔二〕「憩」，龍眠風雅作「息」；「蔭」作「門」。〔三〕「粟」，龍眠風雅作『粟』。〔四〕『香篆』句下，龍眠風雅有『獨對芳樽琴自彈，晨卧夕坐興莫闌』。

春日南苑閲武賜宴恭賦〔一〕

春狩臨南苑，旌旗蔽翠微。鄒枚隨曉仗，賁獲合前圍。葭茁同仁有〔二〕，紘開表〔三〕武威。回鑾宴長樂，飽飫大官〔四〕歸。

校記：〔一〕龍眠風雅詩題作春日上駐蹕南苑閲武行搜禮召廷臣恭視賜宴行宮各賦五七言詩五七言絶句每體一首應制。〔二〕『同』，龍眠風雅作『知』；『有』作『育』。〔三〕『表』，龍眠風雅作『識』。〔四〕『大官』，龍眠風雅作『主恩』。

廣南飲線將軍園

行盡天南路，名園此地傳。山光團畫閣，樹影倒晴川。竹裹歌喉慢，花間舞袖妍。將軍真好客，不醉肯言旋。

南苑閲武〔一〕應制

條風振旅出長楊，鳥陣横雲十里張。芳草帳前流日羽，落花影外逐星狼。宸游豈戀從禽樂，侍御何勞諫獵章？自古敷文須〔二〕訓武，垂裳從此祝無疆。

校記：〔一〕龍眠風雅「武」後，有「賜宴」二字。〔二〕「須」，龍眠風雅作「需」。

長安次張文位韻　八首之二

狗尾那堪更續貂？虚誇黄石穀〔一〕城橋。告身遠納功名易，銅馬争來意氣驕。卜式有緣通選格，馮唐無計轉官寮。讀書學劍都何用，六博空成未得梟。

三尺吴鈎徹夜鳴，山川何處訪豪英？平生劇孟徒杯酒，急難朱家總薄情。愧乏千金堪報德，那禁四壁伴虚名。燈前撥盡寒灰筯，一夜棲烏繞樹聲。

校記：〔一〕「石穀」，龍眠風雅作「穀石」。

奉使册封舟行

楊子江平八月時，孤帆萬里動〔一〕秋飈。久慚劉向讐天禄〔二〕，漫效〔三〕張騫使月氏。新句應憑山水壯，離顔豈畏雪霜披〔四〕。百蠻歌舞迎金册〔五〕，欣布〔六〕堯恩答玉墀。

校記：〔一〕「動」，龍眠風雅作「挂」。〔二〕「讐天禄」，龍眠風雅作「陪東觀」。〔三〕「漫效」，龍眠風雅作「今學」。〔四〕「離顔」句，龍眠風雅作「衰顔肯畏雪霜衰」。〔五〕「百蠻」句，龍眠風雅作「會看絶域開金册」。〔六〕「欣布」，龍眠風雅作「布得」。

賦贈安南國王

聖代要荒彌六服，南方雨露溢三春。山川輝映霓旌遠，父老歡迎玉節親。職列周官知政古，文同漢制識風淳。萬年永篤天家好，奕世長霑濊澤新。

中秋日早朝看月同周立五太史賦

曉天秋色動龍樓，佩玉鳴珂散紫騮。雙闕影浮仙掌露，千官隊擁碧雲裘。却看桂子飄宮瓦，坐挹金波弄御溝。爲有霓裳天上曲，還教清夜奏琳球。

似仲文之仿摩詰。

贈太平高太守〔一〕

天南春色一何早，二月東風滿地花。燕啄新泥晴隴上，鶯啼暖樹野人家。榕枝〔二〕碧蔭庭前水，杏蕊紅蒸天半霞。恰喜風流遇高適，酒闌吟到日西斜。

三、四與香山『幾處早鶯争暖樹，誰家新燕啄春泥』同一温麗。

校記：〔一〕龍眠風雅詩題作太平郡舍走笔贈高太守。〔二〕『枝』，龍眠風雅作『陰』。

南苑閲武賜宴應制

回戈細柳三驅斂，張樂長楊萬舞同。聖澤不教空獻賦，玉盤賜出未央宫。

入安南境〔一〕　三首之一

萬里絲綸銜主恩，蠶叢闢處百蠻諠。千山草木皆呼祝，此日方知中夏尊。

校記：〔一〕龍眠風雅詩題作入安南境百姓聚觀如堵喜賦三首。

廣州觀競渡　二首之一

笳鼓齊鳴發櫂謳，天回地轉彩雲流。風前白苧人如玉，十二群仙樓上頭。

程　烈八首

程烈　字偉昭，康熙間布衣，有灌村遺詩。

雨後山行　次錢雁湖夫子韻。

泉罄帶殘霧，攜笻春晝長。秧針纔變緑，麥穗早垂黄。采藥穿雲竇，聽泉卧石梁。分明幽澗裏，彷彿到羲皇。

九賢詩　録四

陶桓公侃

邈矣樅陽令，孤亭壁萬尋。高風瞻八翼，大業始分陰。義旅詞何激，中原志自深。烽烟四十載，西望肯隳心？

『八翼』見晋書本傳。

楊大令爾銘

七載巖疆令，時艱意若何？譬刀裁短調，支枕就長戈。但得民心固，甯愁賊計多？恩膏難忘[一]處，遺老淚滂沱。

校記：[一]『忘』，龍眠風雅作『話』。

張明府利民

危城懸一線，聊矢幾時飛。不瀝千言血，誰開萬騎圍？勢危憑死守[一]，民散恃恩歸。他日懷安攘，如公志略稀。

校記：[一]『勢危』句，龍眠風雅作『勢傾憑信固』。

竇將軍成

不惜一身死，金〔一〕城挫賊鋒。霎時膏劍戟〔二〕，萬古泣垣墉〔三〕。血濺城頭草，魂歸天外峰。君恩曾未沐〔四〕，臨難獨從容。

校記：〔一〕『金』，龍眠風雅作『全』。〔二〕『膏劍戟』，龍眠風雅作『悲鼎鑊』。〔三〕『泣垣墉』，龍眠風雅作『見心胸』。〔四〕『沐』，龍眠風雅作『受』。

岡州送拙公遊南海

一榻圭峰上，同參逾半年。法舟輕入海，春漲遠浮天。梵吹〔一〕魚龍解，禪心水月傳。客中休悵別，身世總茫然。

校記：〔一〕『吹』，龍眠風雅作『唄』。

程松皋北郭集飲分賦

蒼然春色滿巖阿，勝地勞君載酒過。衣帶烟嵐歸几席，手招猿鶴下松蘿。好花幾樹鳥啼遍，夕照一潭人影多。爲問聯吟諸少長，蘭亭觴詠較何如？

四句清新獨出，五、六拗句似許用晦。

爐峰贈瑞公

藤蘿無數里入孤峰，寺浸松陰幾萬重。客過溪頭常遇虎，雲生鉢裏自藏龍。一爐活火燒新笋，半嶺微風度晚鐘。偶洗團瓢收墨汁，題詩贈我寫從容。

程　仕十八首

程　仕　字松皋，號梅齋，芳朝子，廕生，官建甯知府，有梅齋詩集。程氏家傳：『公性穎悟，工詩，以蔭補中書舍人。時趙飴山見其詩，擊節稱賞，一時名聞京師。後出守建甯，政簡刑清。罷官後，囊槖蕭然，建民争餽以薪米。公自誤詩云：「自誤太多情，曹曹成老生。郡因結友罷，家以好名傾。有子未能教，無田何處耕？耽吟五字句，仍復愧長城。」可想見其生平矣。』

九日同友遊歸宗寺 四首之一

木犀發秋寺，山寒月如雪。禪榻客夢清，一枕聞半偈。曉起登峰頂，穿林徑屢折。石罅霏明珠，終古不曾竭。山叟挈茶鐺，烹泉味馨烈。捫蘚視巖端，古籀渾磨滅。幽林聞禽語，香草見蘭茁。取道一線天，傑閣復清絶。前溪懸練光，後若堆積雪。僧詡小武夷，諒哉非誇説。

雪字韻同。

老鴟行

古樟一株近千年，老幹堅植高參天。愛此蒼翠足庇廕，何來老鴟巢其巔。鳥形既醜聲復惡，日中不啼啼日落。忽然如笑又如泣，居人聽之皆不樂。俗云此鳥號鬼車，斯語其然匪諧謔。天之生物胡多奇，好醜並出一不知。丹山鳳鸞不可見，生此鳥兮將何爲？老鴟老鴟智巧多，人雖疾厭莫若何。黄間黑丸彈不及，任爾得計占喬柯。君不見華蟲白鷴足文采，無端返遭人網羅。

過白雲庵

偶穿黄葉路，忽到白雲前。下馬入蕭寺，倚松聽暮蟬。錫飛茅殿上，泉響石臺邊。久立僧何在？遊人意惘然。

野　望

野望日將夕，荒原風亂生。蚤烟迷古市，蠻月入秋城。變現燐千点，淒涼角一聲。小巫紛擊鼓，昏夜祀山精。

晚眺

殘景欲西下，白嵐遮遠峰。墟頭隣古寺，烟際動疏鐘。涼月在前渡，秋飆生老松。晚村沽酒路，水落復聞舂。

聽僧鼓琴

晚烟沉石閣，纖月隱花陰。客偶持丹酒，僧能鼓素琴。松篁尋古籟，鸞鶴動清音。聽罷無能寐，令人生遠心。

秋燕

語多人不解，秋至故高飛。華屋勿常戀，海天人早歸。新雛正可引，舊侶未全稀。何事紛來往，營巢計早非。

放晴

料峭陰寒始放晴，小庭徙倚若爲情。蕉心自捲葉遲發，竹勢已成笋亂生。粉蝶過墻還弄色，草花匝砌半無名。不知一日春光裏，消得黄鸝幾百聲。

題隱者山居

山人招我過溪東，爲指柴門緑影中。斜繞菜畦看鹿跡，直登板閣聽松風。池頭雨到片時黑，籬角花殘數点紅。裁取眼前好幽事，醉投新句入詩筒。

題友人江上村居

多少山中幽隱士，輸君茅舍住漁村。江天一月數經雨，野艇四時常在門。芳草岸邊收笋蕨，蘆花影裏放雞豚。近來吟興微嫌少，頭白朝朝對酒樽。

南溪阻風即事

南谿卧醒偶推篷，長日猶行逆浪中。嵐岸炎風蒸荔子，蠻江疾雨打凫翁。鐘鳴青壁出高寺，雲散碧空垂遠虹。眼底浮沉看漁父，輕舟莫繫羡無窮。

投子山

百尺虹橋憶趙州，緣崖直上最高頭。泉聲似爲遊人咽，山色猶含異代愁。日落空林蕭寺影，風飄散葉墓門秋。平生無限登臨感，豈獨興亡是此丘？

早起聞鸚鵡誦春眠不覺曉詩感賦 二首之一

衆中誰許太聰明，悔卻能言誤此生。羈客籠禽兩無賴，思歸同有故山情。

山中曉望

嵐光乍斂露青松，空翠亭邊卓短笻。疊疊山田盤到頂，菜花開上最高峰。

送素師遊武夷

太素一僧能賦詩，水雲蹤跡惜無期。相逢半日即言別，又去看山入武夷。

春　眠

春眠頗與懶相宜，亭午披衣未覺遲。一種閒愁銷不得，天涯孤客落花時。

移巢志感

酒債多時不可賒，秋宵長揖別隣家。一庭明月客攜去，山桂閉門空作花。

柬已公

白雲老人休掩關，建州客子余最閒。傳語山童滌茗椀，來朝相約看春山。

程鳳一首

程鳳 字周岐，休甯人，寄居於桐。

京江懷伯兄周望季〔一〕弟周瑞

此地堂偏静，悠悠愁思生。春風天二月，微雨夜三更。夢幻通南北，情真屬弟兄。浮蹤如落絮，慚愧對流鶯。

校記：〔一〕『季』，龍眠風雅作『叔』。

程元定七首

程元定 字寄生，號竹隣，雍正間諸生，有竹鄰詩鈔。

秋晚山中訪友人不遇

幽人渺何處？一徑入仙源。落葉無行跡，空山獨閉門。亂鴉喧古樹，殘照帶孤村。惆悵歸途晚，蒼茫野色昏。

落葉

一夕寒風起，庭前葉亂幡。飄零猶有地，聚散已無根。夜静霜侵鳥，枝空月到門。只應同逐客，臨水暗銷魂。

遊西湖

湖水淨於練，浮雲淡不流。舟從橋下渡，人向鏡中遊。黃葉藏秋寺，青旗帶酒樓。夕陽簫鼓起，驚散宿沙鷗。

送姚月屏復之江右次陳延叟韻

垂楊無計挽孤舟，時事催君續舊遊。芳草旗亭人喚渡，杏花春雨客登樓。南逢雁陣和雲去，北望龍眠帶水浮。別後却憐清夜月，關山幾處思悠悠。

春　思　十首之二

放鶴亭邊載酒隨，南屏山外夕陽遲。桃花開遍梨花發，又是游仙夢覺時。
縷金一曲杜秋娘，曾折名花過女牆。芳草人迷環翠閣，鴛鴦衾冷合歡牀。

友人招飲

孤館春殘不自聊，高陽酒伴坐相邀。緑楊一帶低搴水，細雨斜風過石橋。

程鵬萬一首

程鵬萬 字煦堂，乾隆間諸生。

首夏

朝來兀坐看升暾，積雨初晴氣轉温。乳燕習飛穿畫閣，新篁解籜響鄰村。喜聞打麥枷千板，快飲分秧酒一樽。漫道清和無韻事，桐陰趺坐話黄昏。

程鵬飛四首

程鵬飛 字千仞，號振岡，乾隆時歲貢生，有翠柏齋詩集。程祥發識集後：『先生於學無所不窺，見聞宏通，形諸歌詠，推陳出新，窮形盡相，俶儻瑰瑋，迥殊凡響。』

送蘭崇入都兼懷同鄉諸友好

發憤應投筆，雄心未可羈。去摩烏集闕，正值燕飛時。驛路花舒萼，官橋柳拂眉。青門多勝友，爲語致相思。

贈楊春和

盛夏裸裎，從風而靡，楊子獨否，賦此以贈。

暑中人心唤奈何，清涼絺綌尚嫌多。比肩共笑周公黑，指腹群嗤宋帥皤。瓠色少年誰有禮？漢書：張蒼身白如瓠。鮐文黄髮亦隨波。畏知獨有關西子，力挽狂瀾足詠歌。

夏　夜

微雲託月素琴張，山色湖光隱隱長。最是天開好圖畫，有船便作米元章。

西門豹　詠史四十首之一

鄴下相望十二堤，兩河保障烈誰齊？撫綏應補酷吏傳，誤列循良尾滑稽。

褚少孫補史記，以豹附滑稽傳末。

程宗洛六首

程宗洛　字望川，自號桐子山樵，乾隆末，由考職官邳州知州，有萍香詩草。

題方春之觀我圖

方子殊翹楚，披圖見性真。月臨江不夜，花對鏡生春。理喻指非指，心知身外身。觀摩自親切，何必更觀人？

送倪鑑湖南歸

一舟共濟五年違，北地相逢又别離。有約看花春忽去，無心作客雁先歸。旗亭塵起紅遮眼，驛路林深緑上衣。回首春明門外路，重來始悟此行非。

秋日有懷

天涯底事客愁添，鎮日高樓懶下簾。感物三秋悲宋玉，銷魂一賦恨江淹。雁驚旅夜音偏杳，雨滴寒宵睡不甜。遥憶閉門深巷裏，金錢卜罷飲香奩。

寒　食

春深猶覺敝裘輕，連日陰寒未放晴。門外柳枝簾外雨，可憐明日是清明。

曉　窗

春去無聊曉夢沉，東風陡起透窗陰。空庭盡日無人到，階下榆錢積寸深。

皖江櫂歌

遠岫孤巒鎖翠烟，蒲帆十幅挂遥天。可知前路風波惡，得傍漁磯且泊船。

程　錡一首

程　錡　字□□，號昨非，乾隆間諸生。

秋夜訪姚公克

金風侵卧室，幽思繞江城。更聽棲林鳥，尤深念友情。花間盈月色，樹林助秋聲。乘興尋安道，門前谿水橫。

程起鳳一首

程起鳳 字□□，號西樓，乾、嘉間諸生。

雨後晚步

細雨連朝晚忽晴，愛看溝水一渠清。誰家犬吠柴門外，楊柳風怙喚鴨輕。

程範疇一首

程範疇 字聿滑，乾、嘉間處士。

七夕 用晏叔原韻。

月淡星疏影漸移，橋成鵲慢覺遲遲。人間何限長離别，未得年年有會時。

程瀛七首

程瀛 字芳休，號芝圃，嘉慶間太學生，有分嵐小閣詩鈔。

登大觀亭

樹老飛紅葉，亭高卧白雲。江痕千里接，山色一窗分。古墓餘荒草，平林帶夕曛。余公不可見，惆悵水沄沄。

懷徐樗亭

梅花落殘笛，一曲感離思。卧病知交少，窮鄉薄宦羈。桐江嚴子瀨，梨岳李公祠。明月不到處，徘徊何所之？

寄懷徐大濤山四明

三載桐廬道，星霜感歲華。他鄉空對酒，遊子已無家。枕上千行淚，江干八月槎。白頭有老母，歸矣正萱花。

贈憨幢上人

寺門舊種變槐樹，樹已成陰師始回。列坐諸君皆舊雨，前溪曲水又浮杯。談詩再結蓮花社，說法還登貝葉臺。我困塵寰三十載，託居且幸傍蓬萊。

班婕妤

團扇雖云棄，君恩敢暫忘？自知妾薄命，無夢到昭陽。

過吴白巖故居

二十年前曾結社，那堪風雨動悲聲。到門空有長河水，劍挂松梢已二更。

題徐㮣亭河防類要卷後

放膽文章酒一瓶，箇中沉醉幾時醒？東窮粤海西崑海，遠溯河源補水經。

朱延祚三首

朱延祚 字能及，天啟間諸生，有景園詩集。潘蜀藻曰：『景園爲龍眠六雋之一，善草書，晚遯深山，與禪和野叟相酬唱。』

晚歸

嶺上春還駐，百花相聚開。蝶乘風易至，鳥背日斜〔一〕來。新笋數枝〔二〕立，清泉〔三〕一道回。下驢鶯暮色，雞犬莫相猜。

校記：〔一〕「斜」，龍眠風雅作「偏」。〔二〕「枝」，龍眠風雅作「條」。〔三〕「泉」，龍眠風雅作「池」。

養病

閉門宜獨卧，啟牖只閒聽。影笑形何瘦，心因病益靈。瓶花時復换，香篆未曾停。亦有幽居趣，高山籬外青。

宿山家〔一〕

莫道君家不姓龐，柴門蕭寂静〔二〕無雙。青來四面山連屋，緑滿千林竹覆窗。洞口人家〔三〕秋欲雪，池心得月葉〔四〕如江。躊躇未忍輕回首，釀酒新知滿玉缸。

校記：〔一〕龍眠風雅詩題作信宿山家。〔二〕『静』，龍眠風雅作『的』。〔三〕『人家』，龍眠風雅作『留人』。〔四〕『葉』，龍眠風雅作『夜』。

朱世弼一首

朱世弼　字翼公，號築巖，太學生，官鹽大使，有一經樓詩集。

洪湖秋興

悲秋無自賦，筆硯欲爲焚。蟲食葉成字，魚吹波起紋。澄湖含落日，遠樹擁歸雲。野外風初急，淒其不可聞。

朱桂芬七首

朱桂芬　字路青，號小山，乾隆間諸生，有小山詩集。王悔生序集曰：『先生於書無所不窺，性情所託，往往見之於詩。其氣格神韻、音節、詞采，皆有以合於古作者。』

雜　詩

娥娥澗中花，顔色不能久。鬱鬱山上松，枝葉莫與偶。譽言出庸人，其辱甚蒙垢。聖賢不好名，奇節自不朽。如何釣名人，營營競奔走。縱博一時譽，千載終何有？所以君子疾，要在没世後。

農夫荷耒耜，豈識珪與璋。村女簪荆釵，豈識宫中妝。曠觀六合内，馳驅向何方？或云當易轍，中路獨徬徨。碔砆異太璞，無鹽陋毛嬙。願言守前修，奇質不久藏。

遊龍眠山

我來龍眠裏，水復更山重。行行懼無路，略彴忽相通。樵歌出半嶺，濤聲鳴萬松。名園敞積翠，臺榭白雲封。山徑寂無人，清泉鳴澗中。慨然念遺蹟，圖畫古今同。欲去仍留戀，烟光靄暮峰。

懷二山姊夫梧州

憶君陟高峰，望君愁滿胸。欲見不能見，雲山遮萬重。雲開見皎月，月好有時缺。流光歎逝波，何爲久離別。別後大龍山，桃花幾度殘。鳥啼春又老，花落水潺湲。離愁似溪水，涓涓流未已。安得寄遠心，直到鐔江沚？

重過仁壽庵贈曉峰上人

爲愛支公室，重來訪郭西。門前松柏樹，枝葉與雲齊。客至花爭發，春深鳥亂啼。繩牀留信宿，語到月輪低。

秦淮泛舟 二首之一

爲愛秋光泛畫橈，垂楊兩岸聽吹簫。同人記取青溪曲，一路曾穿十七橋。

花蕊夫人

舊主恩深隔幾年，宫中圖畫託張仙。桃花亡息空無語，争比芳心悄自憐。

夫人入宫，畫張仙像於宫中祀之，實則蜀後主也。

朱士寬十三首

朱士寬　字竹懐，嘉慶初歲貢生，有聲遠堂詩稿。

復　雨

前月一雨如雨金，苗色芊芊滋陰霖。即今一雨還雨玉，禾氣稚稚透膏沃。農夫朝荷鋤，日暮倦還歸。不見力作赴畎隴，但聞田歌繞荆扉。水波谇谍亂芣苢，山色蔚藍横崔巍。尚惜甌窶沾未足，日斜風定雲霏霏。

贈何殿純

當代何通隱，才名峙大山。居身夷惠際，築室讓廉間。雲影亂修竹，溪波驚宿鷳。共君羊曼客，銅斗拍歌還。

過馬鞍山

勢欲空凡馬，形將壓衆山。谽谺通一髮，巀嵲峙重關。歷亂征鴻影，便娟野竹顔。一鞭吾偃蹇，雲石自閒閒。

田家集飲

室邇畦疇共，溪深彴略通。香秔紅穲稏，澄水碧璁瓏。久坐花移日，高歌鶴唳空。三蕉吾未醉，狂與次公同。

述感

白楊蕭颯野茫茫，陟屺看雲總斷腸。此日豚魚猶未薦，當年黍稷竟何嘗。花殘荆樹春庭暮，玉冷沙叢宿草長。更理新縑悲故素，返魂何路問稠桑？

俯仰之際，何以爲懷？

送齊開宇試金陵

昔年我過長干里，躡屩同凋季子裘。此日君乘白下浪，看花分宴木蘭舟。秋風小住誰家院，明月听歌何處樓？更語龍文競爽客，應教雁亭共鰲頭。

示馬甥桂生

深源昔送伯休時，遥指三川作會期。齊軑縱嫌中道改，亡羊休怪補牢遲。芝青箭赤俱堪蓄，石暈犀通亦見知。况有夷門前蹟在，敢辭重繭一攀追？

楚詞齊玉，軼而並馳。

雜　興

蓮花何灼灼，蓮葉亦菲菲。清氣漾虚碧，沾裳復襲衣。

秋閨怨

昔赴遼陽戍，今聞大宛征。妾心似明月，萬里照君行。

隴戍烽烟勁，秋風鐵馬嘶。玉關更蕭瑟，那敢怨空閨。

月下懷馬甥桂生　集文選句

園影隙中來，攬之不盈手。結思想伊人，索居易永久。

沈休文、陸士衡、劉休元、謝康樂。

明月難暗投，勞此山川路。有情知望鄉，雙涕如霑露。

郭景純、顔延年、謝元暉、陸士衡。

悼亡

東風裊裊柳條斜，落遍清明枝上花。他日花開更相憶，可憐麥飯飽神鴉。

朱雅七十首

朱雅 字歌堂，號芥生，乾隆甲寅舉人，官金壇教諭，有芥生詩選。芥生舉孝廉，公車十數上，不得一第。年七十甫爲金壇博士，不數年卒於官。其爲人貌寢而言訥，又自負傲岸，不爲苟同，故壯歲橐筆南北，所如多不合。世居樅陽，習聞海峰先生之緒論，又與王悔生先生爲姻親，得所切摩。七言詩蒼莽雄直，每欲與崆峒爲勁對，而五言律往往祖述齊梁，古致穠郁，別見風神。姚惜抱先生常稱道其五律勝於諸體，固知言矣。生平作詩甚夥，詩選乃鮑覺生侍郎就稿中選出，不過十之三四，續刻六卷，多晚年之作，餘藏於家云。

春　郊〔一〕

宿雨林樾深，熙陽原野迥。鳥寂山花飛，緑陰清晝永。時與同心人，坐石啜新茗。有蘇州遺意。

校記：〔一〕樅陽詩選詩題作春日郊外。

淮陰懷古

淮陰嗤項籍，嘔嘔如婦人。垓下雖天亡，自剄何嶙峋！下視鐘室誅，榮辱良非倫。丈夫無遠識，丁此牝雉晨〔一〕。我來射陽縣，吊古齊王墳。悲風忽震盪，滚滚長淮奔。王孫不復見，四野空寒雲。

校記：〔一〕「丈夫」兩句，樅陽詩選作「吕后却慘酷，牝雞方司晨」。句下有「功成戮國士，婦人時不仁。昔曾遇漂母，進食哀王孫。漢王固丈夫，何如女子恩？」

再之都門車中作

東齊路已盡，慷慨行幽州。盧龍地高寒，勢與天雲浮。飛塵何茫茫，大野何悠悠。孤鶻號陰風，方春氣如秋。荆高不可作，四顧悲聲留。拔劍向寥空，以割萬古愁。白日吐精芒，彩虹干斗牛。豪情此一往，那復增離憂。

東昌行

天意助强不助弱，誅夷獨縱燕棣惡。滹沱既敗炳文軍，白溝復喪瞿能略。誰歟激烈鐵尚書，濟南堅守鐵不如。城守懸旗已鋭氣，馬前下版尤奇謨。燕黨護持棣免矣，雄兵更向山東指。萬馬紛遮汶上來，千營直接任丘止。尚書偕行有盛庸，王人師抱東昌雄。侯國何爲來相犯，開陣納之圍數重。兵氣晝迷博平黑，血光夜燭聊城紅。强藩到此亦披靡，士卒填屍洗汶水。天心不肯滅獰王，張玉雖亡朱能至。可憐孱主在金陵，時時北首望休兵。只憎臣有叨天罪，不忍君成殺叔名。臨河諸將徒相視，見賊不敢發一矢。蒼蒼者天意如此，君不見恒州萬弩何快哉，大風拔木聲如雷。

燕王未叛之前，齊、黄諸人以謀削弱啟釁，及其稱兵舉逆，興師致討，則燕王已爲逆賊，當絶屬籍矣。乃曰：『不可致以殺叔名。』是何名實之相悖也！以致諸將愕視，不肯抽戈，而齊、黄諸人初無聞申大義以斷之者，至於國亡君辱，而以區區之十族殉之，則是許負鼠首之説也。

戊辰春偕李海帆宗傳馬元伯瑞辰徐詠之鏞徐樗亭璈光栗園聰諧姚石甫瑩北上途中有懷左匡叔朝第方子峻遵巘張小阮聰咸劉孟塗開

孝曾年齡吾比肩，論交海内心情專，文追北宋詩唐賢。此行五度之幽燕，獻生樸學家世傳，更仰茗柯山斗懸。射策昨已乘紫烟，暫歸重來赴木天。漪塘藻筆紛翩翩，幾回談噣向日邊。六驤質幹殊偉然，精心法古搜簡編，始别故國踰山川。律元矯矯骨格堅，胸含列宿囊重乾，窮經復愛談詩篇。石甫纖纖稱少年，雄兒意氣青雲顛，高情偉議千秋前。諸子一一應星躔，與我相交甯非緣？同來道左話纏綿，回首里閭心仍牽。匡叔嚴正無頗偏，古今人物胸中全，人倫期使成方圓。子峻光儀望若仙，春風皎月清且妍，文如蜀錦濯江鮮。阮林服善常拳拳，詩宗子美求真詮，穅秕百氏塵俗捐。明東上軼李青蓮，口如懸河筆湧泉，雄才逸氣空後先。

題張蕙砌小照

高松一樹盤青蒼，小楓綴赤寒菊黄。幽人采芝到仙境，坐聽瀑落雙石梁。昔年我過匡廬下，望裏飛流千尺瀉。遥指其中異草多，匆匆未是登山者。只今圖上忽逢君，荷衣蕙帶飄芳芬。桐君俞跗有仙術，劚取靈苗依白雲。却恨風塵人潦倒，十年奔走長安道。那能相伴入烟霞，天外青峰看五老。

春詞

二月柳陰合，海棠花滿城。何人隔朱箔，盡日理瑤箏。紅粉高樓讌，青驄曲巷行。聲聲邀〔一〕客住，枝上〔二〕語流鶯。

校記：〔一〕『邀』，樅陽詩選作『邊』。〔二〕『枝上』，樅陽詩選作『窗外』。

秋日即景

偶然出門去，獨與林塘親。秋草静當路，水禽閒向人。柳疏通夕照，苔厚絶紅塵。更倚古藤坐，風吹烏角巾。

秋夜即景

明月挂高樹，松濤閣外生。風燈摇鶴影，露草溼蟲聲。曲檻和花倚，閒階踏葉行。宵闌不成寐，吟罷酒還傾。

柳

垂柳復垂楊，春風總斷腸。絮飛河上白，絲挂路邊黄。寂寞金堤冷，飄零玉塞長。何時枝與葉，相對更相當。

秋郊

秋氣橫莎草，斜陽在豆花。寒蟲雜晚磬，野燒接殘霞。烟起歸鴉亂，風來疏樹斜。相看已蕭瑟，又聽月中笳。

春望

楊柳黄金色，辛夷赤玉枝。流鶯歌宛轉，戲蝶舞迷離。芳草王孫路，斜陽帝子祠。春風隨處滿，那讓曲江湄。

豪家

金鈴絡宛馬，珊荐置胡牀。錦瑟侑清讌，紅珠照曲房。門羅稷下客，座擁邯鄲倡。一夕綵雲散，悲風生北邙。

春　詞

吹竽齊下士，挾瑟趙名倡。翠帶盤龍繡，雲鬟墮馬妝。陌頭朱轂轉，河上錦帆張。歌舞仍清夜，華鐙九鯉光。

金　陵

英雄與兒女，並在六朝城。天地歸龍虎，江山付燕鶯。美人真絶世，豪主亦多情。更有春燈曲，風流殿舊京。

真州阻風

鼓浪躍江豚，江聲萬里奔。烟雲蔽京口，神鬼下天門。客久淚應盡，愁來心自捫。衝飈吹不住，羡爾寘鴻鶱。

湖口

楚川曰江漢，其浸有鄱湖。到此江湖合，東西清濁殊。渾流天塹落，碧浪宫亭輸。舵轉豫章去，湖波引舳艫。

汴中 三首之二

大將少宗岳，詩人無李何。風威空故汴，日氣射長河。花柳隋宫盡，牛羊宋殿多。金梁橋外月，那復照酣歌。

夕照下嵩洛，春星盤角亢。山河壯諸夏，天地此中央。殘柳接江左，寒雲飛汴梁。宋朝畿甸在，烟水太荒凉。

氣雄筆健，接武李何，『夕照』二句尤高，仲武所云曠代之警句，覺北地信陽罕此奇特。爾雅：『壽星，鄭也。』蒼龍七宿，春見於東方，迤而南，故曰蟠。

題　畫

翠微烟渚環，之子屋其間。柳樹移連水，梅花種滿山。長謡白雪曲，相對緑雲鬟。不少簪裾客，林岑未許攀。

中秋同絅庵畾園夜坐池西小榭有懷陳古華太守

涼夜月東吐，蕭蕭秋滿林。海天風露下，寥泬水烟深。酒對寒星酌，詩偕老鶴吟。停杯忽西望，相憶碧溪潯。

京　江　二首之一

萬里岷峨水，滔滔下海門。金銀輝日月，潮汐蕩乾坤。畫鼓波心震，青林水外昏。潤州天塹表，烟火帶雲屯。

清江浦

湍流天際莽滔滔，巨堰盤回湧怒濤。畫角雄關當岸起，桃花春水壓城高。楚吴芻粟浮千里，淮海蛟龍冀萬艘。北望青徐平野迥，風塵不憚客途勞。

秋日只懷

金風吹落九門霜，直北天寒雁幾行。遼海飛雲人倚劍，燕山斜月客思鄉。關河入望愁無際，砧杵誰家擣未央？逆旅不堪頻吊古，昭王臺畔草茫茫。

烏江項王廟

興亡那足論英雄，漫罵聲非叱咤同。却恨烏江空勸渡，遂教赤帝幸成功。艤船若不辭亭長，率土焉能屬沛公。世去只今遺廟在，悲風落日大江東。

登滕王閣

層檐百尺俯江濱，畫棟珠簾入望新。一代雄藩空帝子，千秋高閣屬詞人。落霞孤鶩飛如昔，佩玉鳴鸞跡已陳。旅客憑欄獨惆悵，西山相對碧無垠。

廣州

黑浪天南湧大洋，番船金翠綵霞颺。紅毛鬼子玻璨館，赤足蠻姬玳瑁牀。鳥毳織成縑爛漫，鮫珠懸勝燭輝煌。知時更有鳴鐘報，測晷無殊滴露長。

寫景狀物，與子厚詠柳州諸什同其警麗。

卧病

斗室天涯盛鬱蒸，清襟空比玉壺冰。文園病渴愁司馬，洛下思歸歎季鷹。有疾幸非芣莒似，拔心偏許菤葹能。自憐久作呻吟客，蟲鳥聲聲傍一鐙。

爾雅：『菤葹草，拔心不草。』

擬古塞下曲　四首之一

鴛鴦濼日石燕揚，萬里邊風掃大荒。白日兩河燐炯炯，黄雲四野草茫茫。妖姬簇火燔銀鼠，羌卒彎弧射鐵鶬。帳外沙場平似海，惟看晚色亂牛羊。

薊門秋望

秋陰挾雨過長安，一片征鴻雨後看。北口京風連薊野，西山落木下桑乾。離愁似月經天遠，歸夢隨雲繞地寒。倚檻更教回客首，江南烟樹望漫漫。

胡小東比部邀同姚鷹青編修徐樗亭農部徐詠之水部光栗園比部姚薑圃孝廉登陶然亭時余欲返天津

諸子同登百尺亭，金門柳色護軒欞。水奔代馬當筵白，山卷恒蛇入檻青。並向花天娛永日，紛懸藻筆照繁星。潞河一櫂生離思，玉笛吹愁此共聽。

附摘句：懷吴荃石：『高閣對寒雨，春江連白雲。』齋中雜興：『門雀兼花墮，遊蜂觸幕回。』金陵：『江流曾渡馬，山色此盤龍。』過淮陰：『乾坤交激盪，天地此嚨胡。』徐州：『落日斬蛇澤，悲風戲馬臺。』嶺南：『榕樹緑連海，桃花紅到秋。』秋日：『曲西風伴妾，愁深院明月。』和人上小樓書齋題壁：『槐根富貴無聊夢，芥子乾坤有此身。』北征：『斜日濁河横拒馬，悲風古塞出飛狐。』望岱：『河北萬峰青到海，魯東千嶂紫連齊。』沛縣懷古：『釁端身後開人彘，虐啖生前效祖龍。』獻縣道中：『天似穹廬垂大野，水奔急弩下滹沱。』留别：『好客君真同北海，窺臣誰復似東家。』下蔡：『蕭瑟大風來潁亳，蒼涼落日照淮淝。』順德：『馬上春陰來趙魏，城頭嶽色照邢襄。』

登北極閣

碧嶂層檐迴，雕檐列宿張。星蛇懸屈曲，海蜃結蒼涼。三市紅墻下，諸天繡户旁。山河抱龍虎，陵墓走牛羊。秋色乾坤紫，人烟井邑黄。雙麟圖戟署，萬馬蹴毬場。鼓角軍門壯，烟蕪禁籞荒。重來看故跡，身世感茫茫。

春曉

初日照平林，冉冉宿雲破。花外雙鳩啼，柳陰一牛卧。

揚州曲

三分明月夜，得二是揚州。揚州二分月，强半在儂樓。

又

妾幼學吹簫，簫音爲妾嬌。揚州橋廿四，家在十三橋。

江城

垂楊深處板橋横，日午披衫傍水行。黄鳥無聲春寂寂，落花如雪滿江城。

山行

清澗回平岡，荒祠卓高嶺。孤客萬松邊，日落心魂警。幽徑屐痕稀，野風人面冷。四顧悄生愁，昏鴉閃寒影。

秋懷

淩霄高作花，顔色非不好。如何行路人，目之爲秋草。我來登古原，金天霜露繁。蕭條此身獨，但見群鴉翻。有懷不可道，松風爲予言。

師曠目雖瞽，尚幸耳官清。如何聾且眊，渾然帝江形。蜀錦豔新濯，熟視無光榮。疏林號蟪蛄，謂爲笙琴聲。丹砂橘柚包，馬勃同其輕。烟中野蒿茂，幽蘭遜其馨。好惡乃如此，異哉今人情。獨立向秋夕，默默歸柴荆。

泊津門

客心隨潞水，浩然辭皇畿。一棹下津門，天風吹我衣。豈不戀雙闕，時勢與願違。滹漳自南奔，渾河由北歸。併向城門來，濁流蕩寒暉。潛波巨魚伏，銜沙鳴雁飛。秋氣滿西郭，淒清使我悲。

雜感

欣戚故靡常，衰盛如環轉。此日怨棄捐，曾以姿容選。合歡在今兹，舊亦悲偃蹇。棗栗植燕山，芳甘故繁衍。朔風一振蕩，枝空葉已鮮。明知有霜雪，不敢避删剪。春和豈獨無，培根自黽勉。

步出薊北門，言升千仞岡。岡巒鬱崔嵬，燕山連太行。亙作天下脊，萬里盤蒼蒼。凌空發長歎，四顧氣昂藏。悲風起大壑，巨石皆飛揚。男兒在天地，擔荷惟綱常。區區若功名，曷足爲感傷。

龍頭嶺

英德山山奇，萬笏插清渚。峻嶺復龍頭，昂空欲飛舞。峭崖敧若覆，灌莽鬱如組。千篙孔壁深，孤戍傍江古。波面寒風來，濤聲雄唬虎。舟首烟冥冥，蠻天颯秋雨。

雜興

春風滿天地，萬卉榮斯時。靈桃與仙李，紅白開參差。衆女來名園，搴英各幾枝。美人有遠識，兼取幽蘭姿。持以獻高堂，棄置無褒譏。負此攀折意，斂手爲含悲。蘭芳不足惜，素心世難知。但願蛾眉舒，太息亦可爲。

登蛾眉亭

偉石懸嵯峨，危岑竦峍屼。獰如虎豹蹲，壯倚蛟龍窟。初疑路絕不可攀，寺門忽敞杉松間。樓臺上與綵雲接，青天低壓紅闌干。循途直到翠螺尾，蛾眉亭俯滄江水。彤崖倒插雲濤明，石色純赤潮痕紫。朝霞遥挂東西梁，天門中斷烟蒼蒼。兩峰對峙鬥寒翠，卓女眉黛分微茫。晴暉側射波心赭，大帆如雲蔽空下。衆手争擒如毚蛟，歡呼浦際叉魚者。須臾水氣浮長空，波聲浩浩回飆風。江神鹵簿旌旄重，紫衣白馬光如虹。虎蛟水兕紛相從，金髾玉甲翻鴻濛。安得燃犀向牛渚，赤炬照徹冰夷宫。惝怳亭前駭心目，回看壁壘留山麓。虞公拒敵貔貅雄，開平血戰鯨鯤戮。躡磴仍瞻太白祠，青蓮遺象高巍巍。千首詩歌一杯酒，誰能繼此天仙姿。矯首雲開天影碧，清光流處冰輪白。醉里長歌蜀道難，那知天上星重謫。却歎浮生無定蹤，飄零前路如飛蓬。征車北向長安道，回首江南烟霧中。

天妃閘

雄關劈石吞寒浪，两厓束水水力壯。更聯巨木窒其中，狂瀾遏壅青霄上。撥金脱木開天閽，百萬盤渦争一門。花飛亂裂紫虚墮，雪捲怒挾銀河奔。孤舟向此喧聲急，紛紛巨纜牽舟立。漂蕩萬斛如鴻毛，旌竿倒卧窗欞溼。纖流沸鼎洪排山，力與舟角高回旋。一葉倏已挂閶闔，回看衆舸深窟間。湍波迅急此難渡，前途況復河淮注。濁浪咆哮白馬哀，春陰偃蹇黄龍怒。却因歷險心胸恢，畏首畏尾非奇才。請看從古英雄客，都自乘風破浪來。

月夜南康舟中望廬山

阻風三日舟船艤，白浪連天漲彭蠡。中霄挂席向東來，歷落星辰在湖底。茫茫寒月蒼蒼雲，無邊水氣浮乾坤。康山廟北龍蛇伏，左蠡沙旁燈火昏。舟轉波心更西向，落星石畔平無浪。夜深不辨星子城，只訝匡廬在天上。青冥傍水開芙蓉，碧蕊朱華千萬重。晴雲山半束如帶，雲端翠石排諸峰。五老香爐星斗際，清虚風露非人世。三更不打東林鐘，半空何處開先寺？　絪緼素靄羃蒼巒，白瑶錯雜青琅玕。匡君樓閣不可見，但見水精宫闕照耀霜娥寒。

江門

清漲挾雲去，濁潮翻日來。蛟龍江口出，烟樹海天開。二水蠻鄉湧，千舟粤郡回。夷花兼徼果，遠際越王臺。

老鴉江即景

瘴水金烏畔，東摇海國暉。波渾浮篾舫，岸遠敞藤扉。榕樹緑雲疊，木綿紅雪飛。南方多草木，嵇氏狀甯非。

三水夜泊

秋天明月上，白水夜蕭蕭。鏡裏魚龍走，風中鼓角驕。漁燈紅到海，山木翠連潮。寥泬清波上，羅衣寒自飄。

祥符野望

汴京城北望，荒野捲蓬科。奔馬下高堰，飛鴉過大河。春烟梁苑少，落日宋陵多。忼慨思張輔，當年此荷戈。

内丘夕望

薄暮内丘道，苍涼郭外看。太行銜日遠，泜水帶沙寒。意氣雄兒勝，關山獨客難。驚蓬過趙魏，何日憩長安？

懷童曉坡

吾憶曉坡叟，超然閱世餘。湖山雙鵶鬢，天地一蝸廬。人是許元度，詩如劉昚虚。何當息塵鞅，重與話幽居。

由湖州至安吉許甥綺漢署中同馬元伯水部作

苕霅烟波盡，繰車響忽聞。花村紅似雪，桑野緑如雲。人頌魯恭政，吾推孝綽文。來遊偕馬戴，主客話朝曛。

壬辰三月二日姚檗山招同方植之左匡叔馬元伯徐六驤集飲南園分韻得心字即送檗山入都謁選

宦曾漳水上，歸暫桐溪陰。故里名園啟，春風筀竹深。招邀共嘉會，談笑各清心。離思仍無限，君行攜宓琴。

北征

鄒衍宫前大道開，燕丹橋下朔風哀。連天古磧沙如雪，動地渾河水似雷。俊鶻明駝紛曠野，驚蓬斷藋莽層臺。誰憐襆被關山客，獨擁長轅萬里來。

海淀

玉泉山色碧崔嵬，萬頃湖波裂帛來。夾岸朱樓如蜃氣，朝天白馬是龍媒。陰涵榆柳昆明闊，影列旌旗海淀開。赤日鵷鸞騰躍處，離宫綵翠壓蓬萊。

板子磯

一卷江上石淩空，林樾蒼黄落照紅。絶頂只今留壁壘，通侯曾此駐軍戎。截流氣蓋甯南壯，捍患心分閣部忠。力盡沙蟲三鎮散，于湖授命獨英雄。

將至薊門道中即景

墩臺慘淡朔風呼，二月荒荒草向枯。白日雙雕盤鉅鹿，黄雲萬馬牧飛狐。河聲怒湧桑乾水，地色雄開督亢圖。燕趙由來多俠客，市中今見狗屠無？

鱘魚嘴冬望

丹楓摇落大江流，九派寒濤撼客舟。烟火幾家鄰雁鶩，蒹葭十月老汀洲。潯陽水冷魚莊少，彭澤天陰酒旆收。枵腹更無陶令米，野風蕭瑟岸西頭。

大　梁

中州士女奈愁何？鑿汴功成骨滿坡。河柳夾堤才大業，江花照國又宣和。金明池上軍容少，白屋宫中野趣多。元夜燈山如燧火，東京争得不干戈。

桃山驛旅店題壁

芒碭烟開入望雄，天低大澤夕陽紅。飛濤怒撼彭門動，迥野遥連泗上空。萬里獨行當病後，五年三過此途中。蒼涼莫墮關山淚，從古英豪半轉蓬。

石甫入都諸君同餞於北園

憶昔豪吟萬竹邊，飛觴共醉九秋天。相遠無限升沉感，再見仍如少壯年。古樹低枝逢舊侶，賓鴻印爪話良緣。芙蓉花發高歌處，可奈離聲入管絃。

答邵武張亨甫

偉識千秋一彦恢，東南今更得雄才。排天氣破閩山出，撼地聲穿楚水來。亨甫自閩入都，路過江右以及吾鄉。少谷石倉都狹隘，拾遺供奉等崔嵬。前行目擊諸州歉，佇寫瘡痍達帝臺。

過宣城晤周伯恬學博

五年悵望隔千村，忽叩宣州博士門。清弋江通文教遠，敬亭山護講堂尊。雲來宛水欣相遇，星聚書齋愜共論。握手重逢無限感，不辭沉醉夜開樽。

湞　水

百折湞溪波，遠下韶陽路。余心急北歸，此水却南去。

江行即事

一路蒼山對客船，重來風景似當年。剖魚釃酒銅陵郭，回憶秋江十載前。

送　别

沙棠舟楫木蘭檣，碧水連空客路長。一曲離歌花盡落，春風河上斷人腸。

青　溪

十三樓外柳毵毵，舊院花疏夕照含。無數酒船吹笛過，可憐秋水遍江南。

廣州竹枝

小院紅窗橘柚邊，沉香火燼悄堪憐。鵁雛孔雀俱雙宿，可奈珠娘夜獨眠。

朱壽籛九首

朱壽籛　字作舟，號麗生，嘉慶間諸生，有麗生詩選。

訪方竹吾不遇

一徑掩藤蘿，秋風吹白波。但聞幽鳥語，遥續牧童歌。入望雲山遠，言歸惆悵多。來朝仍著屐，之子意如何？

和吕幼心季秋江行望桐感懷

渺渺樅江水，盈盈畫舫過。波光行處淨，山色望中多。勸稼心如昔，傾葵願若何？推篷一遥囑，棠蔭似雲羅。

北園夜集

步從東郭外，行至北溪邊。忽有竹深客，相招開野筵。秋風響砧杵，山月照林泉。如此清凉趣，何人與共傳？

聞芥生叔客山東

數年留冀北，何日更山東。爲客梗猶泛，依人囊故空。高秋幾登岱，清夜應思桐。知否竹林侶，悠悠思不窮。

徐樗亭招同方竹吾光聿原徐詠之姚石甫弟薑田集飲即席酬左孕忠

凌霄松竹久經寒，拔地參天聳異觀。車笠幾人竟終始，盤餐此夕且言歡。詞源傾座掀天闊，劍氣横秋耿夜闌。薄醉不眠還起舞，爲君一振遡風翰。

詠黄仙崖

黄，新安人，寓桐。明季值賊圍桐，索銀帛，黄鋸木爲東瓜砲，縋下與賊，及扛砲火裂，殺賊甚夥，遁去。

江北江南阻暮濤，山頭駐賊鼓聲高。黄塵被地連烽火，白露蒙天隱戰袍。實艾應慚藉禽獸，折松猶覺費脂膏。謀成五火終奇變，幃幄甯輸汗馬勞。

麗生所詠明季領兵戰死者，有潘公可大、張公韜、孫公德勝、張公士節。守城禦賊者，有邱先生山、李先生芾、程先生天求、雷先生明道，與黄公爲九焉。

采蓮曲

采采碧蓮花，花間顔色好。畫槳蕩銀塘，驚起鴛鴦鳥。

春日憶二弟薑田都中集杜句 六首之二

北走關河聞雨雪，斷腸分手各風烟。天涯春色催遲暮，憶弟看雲白晝眠。

鄉里衣冠不乏賢，封書寄與淚潺湲。欲知奔走傷心事，惟待吹嘘送上天。

卷三十三

王　檼　張傳枝　蘇求莊　馬起升　同校

楊允昌一首

楊允昌　字蘭士，萬曆末諸生，有分爽等集。

新正既望同聞日唯夏廣生看雲因探山園更憩慈雲庵分寒字

盛雪應占瑞，閒情共覓歡。酒餘新歲瀝，梅破入春寒。倚杖平林望，環村碧玉團。遲僧過竹院，清映滿冰盤。

楊遯一首

楊　遯　字嶰谷，崇禎間處士。

山家夜飲歸途口號

山家斗酒醉仙〔一〕翁，醉裏消閒百慮空。夜静歸來猿嘯遠〔二〕，半天星月一溪風。

校記：〔一〕「仙」，龍眠風雅作「山」。〔二〕「嘯遠」，龍眠風雅作「作伴」。

楊臣静十一首

楊臣静 字古度，崇禎末處士，有掌樹軒詩稿。潘木崖曰：『古度值時變，杜門著述，與蕭山來集之投分最深，所刊行禮經會元、禹貢箋，徐揚貢與喬盛推許之，又撰有龍文鞭影，至今書塾諷誦，比於蒙求。其爲詩清疏婉約，有衡門樂飢之意。及卒，鄉里私謚爲「述古先生」。』

讀谷語上人〔一〕黃山歌

自注：劉覺庵先生歸自黃山，以其賦投谷公，谷公喜而作歌，余輒併取讀之，以當卧遊，因復作此。

孫綽賦天台，杖屨何曾到。繪者圖其形，作者領其要〔二〕。鏗鍧〔三〕金石聲，山晴〔四〕爲寫照。黃海天地間，已鑿元化竅。在在富奇情，古皇因證道。作賦有劉公，親詣窮其奧。抒寫極冥茫〔五〕，情形兩逼肖。吾師屐未著，觸手〔六〕心神造。琳瑯千百言，寄題攄所好〔七〕。愧我亦〔八〕羈棲，何日攝遊屩〔九〕。師拍浮邱肩，我覓容成竈。三十二峰頭，放歌成四笑。

劉覺庵，名思敬，黃山賦今載黃山續志內。

校記：〔一〕『上人』，龍眠風雅作『大師』。〔二〕『作者』句下，龍眠風雅有『圖僅得其膚，賦且臻其妙』。〔三〕『鏗鍧』，龍眠風雅作『鋐』。〔四〕『晴』，龍眠風雅作『情』。〔五〕『抒寫』句，龍眠風雅作『寫炤殊更加』。〔六〕『手』，龍眠風雅作『賦』。〔七〕『寄題』句下，龍眠風雅有『何必遜永嘉？均非徒睹貌。浮丘與容成，招攜在山嶠』。〔八〕『亦』，龍眠風雅作『徒』。〔九〕『何日』句，龍眠風雅作『不克鼓遊櫂』。

冬日回里留別吴久可

寒雁日南翔，吴江楓已落。鄉心忍自縈，不畏江波惡。好客古人風〔一〕，相將恣行樂。遣慮杯酌中〔二〕，相羊山水國。梅嶼〔三〕至如歸，不信人情薄。咄嗟老景來，頓爾懷邱壑。君饒用世心〔四〕，我惟〔五〕安落魄。耨學〔六〕不逢年，憔悴如孤鶴。歸覓故山春，聊以當五嶽。霖雨沛吾田，終應用〔七〕汝作。

校記：〔一〕『好客』句下，龍眠風雅有『憐君誠古若，頻年梅嶼梅』。〔二〕『遣慮』句下，龍眠風雅作『不惟食有魚，消遣親杯酌。亦復出有車』。〔三〕『梅嶼』，龍眠風雅作『是以』。〔四〕『心』，龍眠風雅作『資』。〔五〕『惟』，龍眠風雅作『姑』。〔六〕『耨學』，龍眠風雅作『書畝』。〔七〕『用』，龍眠風雅作『須』。

居巢道中望亞父山

亞父事重瞳，亦欲爲人傑。惜哉事不終，空衂彭城血。七十好奇計，腐史何多缺？當年魚水歡，一旦遂泯滅。所賴故山存，途人望巀〔一〕嵲。

陳平六出奇計，皆秘不可聞。范增雖好奇計，未知其見用於羽。同曲逆否，其泯滅也固宜。

校記：〔一〕『望㦸』，龍眠風雅作『仰嶓』。

石馬潭

石馬潭中石似馬，藤蘿作轡牢堪把。吹風打雨幾千秋，渴飲長流老未休。我跨蹇〔一〕驢潭上立，泉聲哽咽若爲泣。誰將駿骨市千金？壯士徒懷伏櫪心。不如且作山中客，山上山花紅復白。潺潺水激〔二〕石馬潭，潭空一碧映山嵐。人生行樂應在此，富貴功名槐國蟻。

校記：〔一〕『蹇』，龍眠風雅作『黔』。〔二〕『潺潺水激』，龍眠風雅作『醉采山花』。

田家即事

田家樂無極，白水滿平疇。飯犢堤邊樹，房峰宅後樓。柰乘晴〔一〕作果，麥趁雨成秋。飲我牀頭酒，休〔二〕誇萬户侯。

諺云：『日黄稻，雨黄麥。』五、六故是老農情事。

校記：〔一〕「晴」，龍眠風雅作「時」。〔二〕「休」，龍眠風雅作「羞」。

夏日過孫列卿山莊

地僻堪棲隱，龍山舊草堂。水高魚性適，雨過稻花香。鄴架縹囊富，楸枰墅局長。更容吾信宿，尊酒説滄桑。

賦酬何省齋太史

焚魚尚憶昔年觴〔一〕，躡屐何妨適醉鄉。謝傅弈殘多〔二〕嘯詠，桓伊笛罷任〔三〕彷徉。書從鰲禁攜來讀，詩聽雞林購去藏。青眼偏加華髮客，却令亭草頓生香。

太史詩詞書畫擅名一時，五、六故爲不愧。

校記：〔一〕「焚魚」句，龍眠風雅作「焚魚尚屬少年場」。〔二〕「多」，龍眠風雅作「方」。〔三〕「任」，龍眠風雅作「復」。

同姚聲侯王共人暨久可簡可過隱仙庵訪樵陽羽士不值〔一〕

两度頻〔二〕過道院清，每〔三〕逢庭際綻梅英。鍊師獨〔四〕去雲深處，遊侶難爲日昃情〔五〕。寶劍明星光可燭〔六〕，丹爐活火候將成。坐來石上天風吼，傾耳如聞鶴背笙。

校記：〔一〕『值』字底本缺，據龍眠風雅補。〔二〕『頻』，龍眠風雅作『相』。〔三〕『每』，龍眠風雅作『俱』。〔四〕『獨』，龍眠風雅作『偶』。〔五〕『游侶』，龍眠風雅作『客子』；『爲』作『堪』。〔六〕『燭』，龍眠風雅作『矚』。

石巢故址

石巢荆棘滿，殘瓦卧鴛鴦。可怪重來燕，殷勤覓畫梁。

江城晚眺

萬方多難此淹留，日日江干見去舟。飛鳥不知人意〔一〕倦，殷勤啼向夕陽樓。

校記：〔一〕『意』，龍眠風雅作『欲』。

過舊院故址

舞謝歌臺不記年，只今荒草共寒烟。慈鴉仍戀枯楊樹，飛去飛來夕照前。

楊臣鄰二首

楊臣鄰　字欽四，康熙丁未進士，官光山知縣。無異堂集祭楊樂胥文：『樂胥以名進士兩宰巖邑，念荷鍤於松門，蚤拂衣於花縣，出不干進，處焉若忘，不矜實行，不事浮名。其古之所謂有道者歟？』

夏日也園雜詠

無數蜻蜓見，高低散遠天。午風吹倍〔一〕熱，驟雨暑猶〔二〕偏。銷渴夏〔三〕山茗，遣懷秋水篇。倦餘窗不〔四〕掩，一枕夢蘧〔五〕然。

校記：〔一〕『倍』，龍眠風雅作『轉』。〔二〕『暑猶』，龍眠風雅作『燥尤』。〔三〕『夏』，龍眠風雅作『桐』。〔四〕『不』，龍眠風雅作『懶』。〔五〕『蘧』，龍眠風雅作『翛』。

楓葉

幾處霜風〔一〕動客憐，吳江冷落意蕭然。桃源多少花迷路，錯認嫣〔二〕紅二月天。

校記：〔一〕『風』，龍眠風雅作『楓』。〔二〕『嫣』，龍眠風雅作『妖』。

楊臣諷一首

楊臣諷 字石帆，崇禎末處士。

夜　静〔一〕

微風吹落日，纖月在林端。雲薄清秋爽，天空静夜寒。四方不息戰，一室〔二〕敢求安？閭左征輸〔三〕急，枯魚力已殫。

校記：〔一〕龍眠風雅詩題作夜静思。〔二〕『室』，龍眠風雅作『席』。〔三〕『輸』，龍眠風雅作『徭』。

楊嘉謨二首

楊嘉謨　字爾有，康熙間國子監生，有爾有詩集。

懷馬紹平江甯

不解分離苦，因君别後知。興從今〔一〕日減，情爲遠人癡。未遂看花約，翻題折柳詩。倚門親更望，莫浪擬歸期。

校記：〔一〕『今』，龍眠風雅作『近』。

冬杪紹平不歸〔一〕

君到長干是故廬，何須彈鋏歎無魚？ 歸帆已過三冬候〔二〕，辜負梅花在歲除。

校記：〔一〕龍眠風雅詩題作冬杪紹平不歸又用瞿士原韻懷之。〔二〕『已過』，龍眠風雅作『切莫』；『候』作『後』。

楊芳一首

楊芳 字書岑，布衣。

北郭晚步

疊疊青山曲曲溪，幾家茅屋晚烟飛。 繁花雨過紅應瘦，芳草春深緑更〔一〕肥。 愁逐斷雲歸遠岫，閒隨釣叟上漁磯。 多情最是堤邊柳，繫住斜陽不放歸。

校記：〔一〕『更』，龍眠風雅作『自』。

楊　騏一首

楊　騏　字于玉，康熙間諸生。

得方壺書知有燕遊

筆札依人久〔一〕，風霜冷豈〔二〕勝。雞啼將落月，馬渡未〔三〕銷冰。南國流坋隔〔四〕，西山爽氣澄。驅車臨〔五〕易水，壯士問何〔六〕能。

校記：〔一〕『久』，龍眠風雅作『苦』。〔二〕『豈』，龍眠風雅作『不』。〔三〕『渡未』，龍眠風雅作『怯欲』。〔四〕『南國』句，龍眠風雅作『故國黄塵隔』。〔五〕『臨』，龍眠風雅作『過』。〔六〕『問何』，龍眠風雅作『有誰』。

楊復震一首

楊復震　字伯清，諸生。

病中感懷

長年貧病鎮相催〔一〕，愁抱何時得暫開。幾片落花門静掩，數聲啼鳥夢初回。池塘水漲魚兒出，茅屋風清燕子來。却羡漢庭能重士，只今誰是〔二〕子雲才？

校記：〔一〕『鎮相催』，龍眠風雅作『两相摧』。〔二〕『只今誰是』，龍眠風雅作『至今惟説』。

楊昭雍一首

楊昭雍 字南有〔一〕。

校記：〔一〕『南有』二字底本缺，據龍眠風雅補。

題胡守戎别業

謝公墅在東山下，何氏園居北郭隈。爲隔喧囂門蚤閉，愛藏曲折徑斜開。草堂抱膝還成〔一〕詠，竹里彈琴更舉杯。西接敝廬鄰咫尺〔二〕，頻過不待報書來。

校記：〔一〕『成』，龍眠風雅作『高』。〔二〕『西接』，龍眠風雅作『距我』；『鄰』作『纔』。

楊大章一首

楊大章 字克文，號斗山，雍、乾間布衣。王悔生曰：『斗山清規雅度，少宗伯望溪方公以父執禮之，手書額以榜其堂。工畫竹、風、雨、晴、雪，各極其致。詩不多見，兹於畫軸中録得一章。』

畫竹

麝煤研緑寫篔簹，萬葉千梢翠拂堂。忽憶孤篷秋夢覺，滿天烟雨泊瀟湘。

楊賓禮三首

楊賓禮 字補咎，號菊潭，乾隆間太學生，有椿蔭堂詩集。楊氏家傳：『賓禮爲人戆直自遂，嘗號「栗齋」，里中因目爲栗杖，以其堅挺不撓也。家貧甚，或袖金遺之，却弗受。嘗與從子含英學詩、古文詞於海峰。生平篤學砥行，年八十餘猶孳孳不倦。』

贈穎余振先

交游四海足相於，八口移家皖上居。料比潁川風味好，河豚纔老又鰣魚。

皖江竹枝詞　五首之一

雙蓮寺裏並頭蓮，歲歲花開紅滿天。更説菱湖好風景，菱歌唱近寺門前。

寄廣元上人　二首之一

海門春暖浪花騰，聞説乘潮又秣陵。江上白雲如米熟，盧能不是碓房僧。

楊士敏八首

楊士敏　字仲來，號荷浦，乾隆間太學生，有荷浦詩集。楊氏家傳：『士敏居鰲山，父國華，兄弟五人，和睦静好，不忍折〔一〕爨，五世同居。士敏恬淡寡欲，博涉群書，屢試不售。屏居講學，坐處嘗穿。其子孫樸耕秀讀，家法秩然。』

校記：〔一〕『折』，爲『析』字之誤。

登　山

曲磴蒼山百，層層點翠苔。聽泉逢雨霽，掃石見雲開。萬壑斜陽挂，千峰玉笋排。隔林聞短笛，知有牧童來。

懷弟某

梅老山猶淡，風摇樹幾枝。蘇書憑雁遠，謝草得春遲。北海開樽日，南陽卧月時。小庭栽芍藥，遥擬寄相思。

友人遊礬山

短屐崎嶇路，飄然最上頭。鑿巖梯百尺，煮石火千爐。洞豁天門闊，泉通地軸幽。笙歌朋載酒，人世此丹丘。

病中感懷

半世生涯藿與薇，删除名利漸忘機。燒丹洞口猿聲静，采藥林間客到稀。萬卷圖書聞馬帳，十年風雨卧牛衣。向來不灑窮途淚，幾度寒螿半掩扉。

登　高

東風馬首路初乾，點點流泉積雪殘。杖底嵐開衡岳近，天邊帆落海門寬。勳名百代桑弧志，嘯詠三春李杜壇。遥想雲臺諸將略，西征何日報平安？

送爾鶱弟之金陵

長干車馬五陵裘，落落風裁顧虎頭。珠履三千遺縞帶，黄金百萬買驊騮。繁華往事烏衣巷，神武當時白鷺洲。仗劍一身誰得似？雄才豈便任風流。

即　景　二首之一

欲到天台路正迷，朝朝頻自筆牀攜。空山紅葉無人處，鴉立黄牛背上啼。

夏日歸途有感　二首之一

紛紛城市少知音，一片遥飛世外心。翻笑急名陳伯玉，千緡不惜碎胡琴。

楊文選一首

楊文選 字丹書，號屏山，乾隆間貢生，有植齋集。

雨後早起

一夜樓頭雨，晴郊長碧波。簷牙棲鳥出，屐齒落花多。酒肆争挑旆，漁家半挂蓑。披衣清有興，憑檻數新荷。

楊訓則一首

楊訓則 字昭箕，號詠庵，乾隆間諸生。

遊　春

款款良朋並轡行，江南春已遍江城。魚兒出水知新暖，燕子迎風喜乍晴。草色未匀隨意緑，冬衣初换覺身輕。年來塵外渾無事，閒看浮雲觸石生。

楊瑛昶二十八首

楊瑛昶 字□□，號米人，由考職官天津分司運同，有燕南代北詩鈔。楊芳燦曰：『米人清譚似玉，藹抱如春。觀其撰作，如讀異書。七襄成文，八琅競響。思通機妙，才擅淵英。不遺理而課言，乃緣情而立，則雅而能整，博而不窮，可謂結瑤構璚，經奇緯麗者矣。』吴錫麒燕南代北詩鈔序曰：『米人漢庭老吏，文陣雄師，通名法十七家，足文史五千卷。當其一行作吏，十載應官，星飯忘劬，風塵耐苦，所過若黄雲塞遠，白草屯長，則能震盪豪情，發揮奇趣，莫不振幽并之氣，激商徵之聲，而其勞思集澤，軫念棲苴，如古詩人隱憂民瘼，洞察輿情，若置腹心，如聞涕泣。元結舂陵之作，實爲蒼生；白公樂府之篇，可稱詩史也。』

奉懷王鎮之汝璧中丞 用昌黎寄崔二十六韻。

馬曹襬纖驅燕關，照人遠見來玉山。急裝短後各下馬，立談豐草長林間。中丞客夏入覲時，余出遇於盧溝道上，立談移晷，繾綣甚至。碧裝紅籥古岳牧，胡乃攬轡塵吹顔。道旁觀者走相告，是何大吏清且閒。盧溝黄流若沸鼎，隆隆車過紛茅菅。班荆道左品詩格，似此高到誰能攀？别來幾見月生魄，填胸荆棘無由删。江南賦重困酤榷，嬰兒索乳車前環。三刀夢在叶民望，六鈞弓重憑君彎。棠風黍雨歲則足，屯膏直破高天慳。黄圖望歲亦已久，待公立懦廉群頑。

蕩曲行

長安大道連狹斜，軟紅香土隨香車。烏衣公子夜秉燭，酒酣闌入歌童家。歌童住近長安里，曲巷斜行不容軌。裝成金屋貯嬋娟，不唤歌兒呼蕩子。問年十五方盈盈，明眸皓齒能傾城。繡裙拖地翠鋪額，明珠寶玉争爲名。華鐙珠絡照銀燭，紅氍繡幕吹瑶笙。歌聲初發梁塵起，定子當筵何旖旎。不肯殷勤捧玉鐘，只教顧盼傳秋水。曼聲柔態調歌喉，纖纖掠鬢春含羞。新妝更唱采蓮曲，貂裘解脱供纏頭。更闌促坐傳杯盞，花影迷離亂雙眼。一曲清歌一束綾，中人費抵千家産。歌罷出門發三歎，金盡牀頭欲魂斷。迢迢夜漏隔芳晨，耿耿明河傷獨旦。人生行樂憂愁來，美人黄土空莓苔。楊枝不見紫雲老，合人懷抱何由開。年華老大知音寡，冷落門前舊車馬。琵琶間抱教諸郎，羞見前時聽歌者。西抹東塗感阿婆，改弦易轍執鞭多。晚風落日長安道，猶唱當年子夜歌。

李墨莊舍人調元登岱圖

泰山巖巖魯所瞻，囊括嵩華包恒灊。齊州九點青未了，五岳首屈吾何謙。徂徠之松新甫栢，附庸羅列如排籤。先生昔年著雙屐，窮搜上到崑崙尖。十年舊夢再尋探，如猱升木竹上鲇。披圖真有濟勝具，足所未到心已厭。是時夏日方蒸炎，火雲嶽嶽羲車暹。天門日觀幻奇境，山雨欲至吹廉纖。奚童冒雨負雨具，笋輿得得高褰幨。四山冥濛掣蛇足，萬松合沓張龍髯。騎驢五日入華嶽，好事遊戲曾沾沾。君今襲表到絕域，釣鰲蓬島烹釜鮮。傳宣天命服蟒玉，聲教西被還東漸。豈惟登岱小齊魯，況復航海嗤沱潛。秦封漢禪事已往，覼天入海身能兼。卷圖矯首一東望，似見雲飛垂虛檐。

盤山

青山蜿蜒如飛龍，盤旋萬里追遊筇。千回百折起還伏，昂首勢欲摩蒼穹。深巖盤踞鞭不起，但見萬古青濛濛。我來薊州城，道出薊州北。門對田盤廿四峰，千丈芙蓉好顏色。問山何以名田盤，乃是神物屈曲之所蟠。白雲層疊左右繞，清泉噴薄東西漫。怒石立笋氣鬱鬱，怪樹撑幹枝丸丸。下盤起山足，中盤踞山腹。上盤岧嶢向空矗，雲氣連山滿山宿。東甘西甘雙澗流，清泉淲淲風颼颼。行看千尺落飛瀑，時當三月思披裘。山中不合生凡樹，但有長松不知數。千株萬株虬龍鱗，青蓋團團遍山布。上山若屈曲，下山愁崔嵬。千盤萬盤態不一，令我對此心顏開。故李將軍不可見，令人想像舞劍之高臺。歸路流連日將暮，回望來時上山路。白雪繚繞逐人行，坐見盤龍自來去。

查户口 樂府紀事十二首之二

里正傳呼候查賑，凶歲今朝解民困。大吏不至小吏來，胥役前行逐家問。二三大小書門前，畫壁作記粉作圈。名經千佛同鄭重，不堪入選沉深淵。

極貧次貧各編號，鰥窮惸獨苦無告。鄰家有子借作兒，兩處呼名一人報。上雨旁風屋一椽，出門乞食履雙穿。最傷聞賑歸來者，對簿無名劇可憐。

官堤柳

大堤楊柳垂千縷，半拂春風半烟雨。無端濯濯比牛山，多少飢民事斤斧。飢民領米愁無薪，奸民作奸招愚民。腰鐮丁丁傍堤岸，頓使萬木無回春。官兵巡邏長官怒，繫頸捉將官裏去。奸民逃匿剩飢民，求説明年補栽樹。

樂府諸篇，極似香山秦中吟。

舟過新安

遠岫參天樹，長河送客舟。高城三面水，殘日四山秋。黄葉落欲盡，黑雲凝不流。晚風催客夢，一棹去悠悠。

塞外尋秋

徑入雲深處，西風落日斜。飢禽窺駭栗，秋蝶抱寒花。霧重衣生潤，霜催鬢有華。蒲桃新酒熟，一醉卧龍沙。

王蕙圃振踏遺文石舊書賦謝

米老一拳石，鄴侯千卷書。相思情不極，贈我意何如？下拜心原切，高吟願已虛。牙籤連玉笋，從此愛吾廬。

喜峰口晚行

匹馬趁黄昏，回头失塞垣。天寒雞上樹，日落虎窺門。半壁臨千丈，三家共一村。亂山埋白骨，中有未招魂。

漫興 二首之一

飢即加餐倦即眠，不思學佛不求田。干卿何事風吹水，與世無争鳥在天。最愛山中千日酒，可憐名士幾文錢。真靈位業原無分，臣本蓬萊一散仙。

登南天門

懸崖百丈石門開，一線天南俯八垓。絶頂高秋凌斗極，上方晴日出風雷。灤河水急雙橋東，長白山高萬馬來。攬轡崇岡重回首，五雲深處是蓬萊。

秋懷 六首之一

湖海元龍氣未除，舊游回首夢華胥。攀條淚灑桓宣武，吊古心悲樂望諸。酒載南山調惡馬，看花北里逐香車。最憐横槊彈箏客，今日臨淵却羨魚。

癸丑仲春駕幸盤山隨營晚至天成寺

清塵蹕路接嵯峨，山徑周遭此暫過。入寺夕陽高樹秀，到門春雨杏花多。經聲幡影摇空碧，豹尾鸞旗映翠螺。更上千盤高處望，紅橙萬點出烟蘿。

過龍泉關

五雲高並暮雲平，地壓龍泉接太清。關内桃花關外雪，下方陰雨上方晴。城連廣武春無色，冰走滹沱夜有聲。斥堠不勞重設險，承平上理自休兵。

余以甲申春遊軍都山，桃绯柳緑，而居庸關外猶雨雪霏霏。讀三語乃知此景之確。

過九松山和崔研露原韻　二首之一

三年七至感行蹤，鬢點霜華改舊容。山影尚留前度夢，月痕猶挂最高峰。客來心比寒香菊，僧老年齊舊種松。多少驅車青瑣客，晚楓紅處駐吟筇。

山　中

出郭看山色，白雲多在山。紛紛争出岫，行雨幾時還？

即　事

積雪師庭壓晚風，敝裘如鐵爨烟空。似聞奴子私相笑，詩不能工負此窮。

潞河元夕觀燈　四首之一

年華五十負青春，强飲爲憐现在身。記得兒時鬧簫鼓，夜闌猶賽紫姑神。

晚霽

苦雨連旬未出城，坐看雌霓晚來明。照泥星出雲藏月，多恐今朝是詐晴。

中隱軒雜詩　十二首之二

睡早朝來起復遲，午眠又到日斜時。閒編麂眼攔鴉嘴，自引秋瓜上短籬。
两岸蒹葭水復艚，且斟村酒嚼霜螯。深秋天氣如春冷，壓架猶開夾竹桃。

重登盤山憩千像寺

如此名山迴不群，寺門獨坐對斜曛。桃花萬樹松千尺，不見詩人李鐵君。

海淀　四首之一

衣香人影正春三，白馬朱輪酒半酣。粉蝶成團蜂作隊，養花天氣似江南。

夢柳詞爲秦秋澗賦　北人於十月種柳，謂之『夢柳』。　四首之一

一從送別惜分飛，憔悴含愁静掩扉。自過三秋眠不起，最難留駐是斜暉。

赴黄村過尺五莊　金可庭司空有别業一區，在右安門外。今臨衢，亭館廢爲茶肆，顔曰『小有餘芳堂』，榭中庭易爲酒樓，名『尺五莊』矣。

出郭淩晨傍野塘，秋初天氣葛衣涼。青旗一桁濃陰裏，知是城南尺五莊。

田家　十首之二

打稻場寛穲稏收，宵來一雨透平疇。種完秋麥懸犂早，落日歸來子母牛。

秋來禾黍盡登場，缸面新開撲鼻香。時有盲翁瓜架底，琵琶腰鼓説南唐。

光時亨四首

光時亨　字羽聖，號含萬，崇禎甲戌進士，官刑科給事中，有素堂集。王彭年曰：『含萬成進士，令蜀之榮昌，時流氛猖獗，含萬設奇計却之。旋被召梧垣，兩載疏百餘上，及寇逼燕京，衆惑南遷之議，含萬力請固根本，定人心，不幸而城陷，墮陴折臂，爲老巫力解，及潛行，沉御河，又爲行路救甦。含萬性剛直，獨立無援，忌者以阻遷爲名，誣殺之。海内知其冤，莫不相向流涕。』

南樓誓衆

人臣既委質，食禄當不苟。受事令一方，此身豈我有？即遇管葛儔，尚須争勝負。矧今逢小敵，安能遽却走？仰誓〔一〕頭上天，俯視腰間綬。我心如恇怯，有劍甘在首。讀書懷古人，夙昔恥人後。睢陽與常山，不成亦匪咎。瀝血矢神明，彈劍聽龍〔二〕吼。

校記：〔一〕「誓」，龍眠風雅作「視」。〔二〕「聽龍」，龍眠風雅作「作鳴」。

月關獨坐

園小得匡坐，無人覺自幽。護花多購石，礙竹欲移樓。榻静常隨月，詩寒欲〔一〕敵秋。蒼苔深徑裏，落葉至今留。

校記：〔一〕「欲」，龍眠風雅作「可」。

西山碧雲寺〔一〕宿萬公房

秋山如静友，攝坐自情〔二〕心。向壁領泉氣，隔林聞鳥音。竹樓棲影暗，松徑落陰深。咫尺帝城近，登高星漢臨。

校記：〔一〕龍眠風雅「寺」後有「留」字。〔二〕「情」，龍眠風雅作「清」，是。

素堂紀懷

户外蒼涼積翠通，飢餐明月立宵中。文章別有青山價，却訝昌黎説送窮。

光廷瑞一首

光廷瑞 字輯侯，内閣中書，有半園詩集。潘蜀藻曰：「先生爲給諫之長子，給諫蒙難後，徒步數千里，伏闕訟冤，授官中翰，以哀瘵卒。」

古意

馥馥閨中女，盈盈坐高樓。寂寂發長嘆，默默懷殷憂。殷憂何所思？託言在好仇。良晨甫歡娛，抱衾相與裯。一朝遠〔一〕離別，征夫不能休〔二〕。悲風匝〔三〕地起，明星黯然收。遊子急〔四〕功名，賤妾欲何求。徒知行者勞，誰惜居者愁。

抱衾宵征謂行役也，用韓詩解。

校記：〔一〕「一朝遠」，龍眠風雅作「未幾言」。〔二〕「征夫」句下，龍眠風雅有「今年戰城南，明年戰白溝」。〔三〕「匝」，龍眠風雅作「四」。〔四〕「遊子急」，龍眠風雅作「之子赴」。

寄興

嘯傲何妨市？登臨欲遍山。清風吹客怨，明月愛人閒。醉後編花譜，狂来論隱班。有時乘興去，經歲不知還。

光廷球二首

光廷球 字公雅，郡諸生，早卒。

感懷

往來樓上影跚跚，細雨山城日夕寒。愁與弟兄繙弈譜，倦從親友借書看。求名那識名多累，歸隱方知隱更難。處處涼〔一〕風蕭瑟起，匣中有劍爲誰彈？

校記：〔一〕『涼』，龍眠風雅作『悲』。

山居

緑水波寒翠竹〔一〕，青山秋老蒼梧。攜手采菱南浦，開關放鶴西湖。

校記：〔一〕『翠竹』，龍眠風雅作『明月』。

光廷瑛二首

光廷瑛 字漢白，有南園詩集。潘木崖曰：『漢白爲給諫之子，給諫當賊陷燕京，三死未遂，間道南歸，爲奸黨矯詔所殺，漢白刺血疏辨，得以昭雪。其時金正希、左三山諸公皆有辨章行世。』

西樓夕眺

散步西樓上，含晴〔一〕夕眺中。陣鴉歸似雨，獨鶴唳生風。晚寺寒春〔二〕急，春村暮杵空。偶然逢故友，相對已成翁。

校記：〔一〕『晴』，龍眠風雅作『情』。〔二〕『春』，龍眠風雅作『鐘』。

舊院

觸目〔一〕頹垣野圃斜，當年曾駐五侯車。霓裳罷舞餘荒草，錦瑟停歌起暮笳。綠鬢只今飄柳絮，紅顏何處映桃花。秣陵多少傷心事，不獨青樓舊酒家。

校記：〔一〕『觸目』，龍眠風雅作『一望』。

光標十一首

光標 字霞起，號虛舟，康熙間諸生，有片舫齋詩集。片舫齋詩自序：『余年未弱冠，檢閱先世遺文，見吾祖素堂詩集、吾伯半園詩集、吾叔梅軒詩集，雖不能窮其義，而吟興勃勃。及長遊京師，歸憇於宅旁之小園曰「片舫齋」。花晨月夕，晦明風雨，飲酒賦詩，歲時既久，紙墨遂多。噫！余爲詩有年矣。於古人性之所近曰淵明，曰香山，曰放翁，此余詩所自來也。雖不敢問世，或亦可剞劂而藏諸家，以俟後裔之能詩者。』璈按：先生有句云『大塊看來本不平，升沉安用不平鳴』，又云『余生若不貧而樂，借問樂從何處尋』，蓋具大解脱，得真自在，故集中皆自寫天趣，無復哀怨激楚之音，殊得陶、白遺意。此集爲聿元方伯官荆宜副使時所刊。其素堂、半園、梅軒等，已不復見有全稿矣。

詠古

壯士志功名，跨下不足恥。垂釣有良緣，飢餓英雄起。漂母與相國，俱可稱知己。奈觸悍后疑，不獲保身理。既因婦人生，復因婦人死。功大誤王孫，漢主洵少恩。一飯尚酬德，豈聽蒯徹言？獨是儒生舌，已將齊地吞。底事復決戰，致令酈生冤。殺人以爲己，貪功安足論？及歌烹走狗，假王竟何存？人灑淮陰淚，吾招食其魂。

飲酒 二十首之二

薄田十數畝，近在城東隅。秋日看穫稻，往返非長途。緩步傾山色，誰人勞馳驅？農家酒初熟，一醉興有餘。願言結茅屋，與君共隱居。

非隱即宜仕，進退惟其時。好官多得錢，受之竟不辭。問我兩何若，中心轉自疑。清貧甘守拙，甯爲世俗欺。貴賤泯醉鄉，扶杖任所之。

二詩俱有靖節遺意。

山居

山齋如此静，客至話耕耘。楓葉疑爲雨，村烟錯認雲。掩關尋舊帙，坐檻到斜曛。不信桃源遠，泉聲處處聞。

一息

心静不知愁，繁陰夏日幽。山光因雨變，水色向晴收。燕抱柳絲立，魚同蓮葉浮。誰知一息趣，可勝十年遊。

搔首

搔首青天問不平，半堦明月聽吹笙。不知愁自何人種，遂使憂從到處生。寒澈十分名未冷，空除一切利難傾。我今且學隨緣法，身入邯鄲夢亦清。

課諸孫

老夫百事俱從懶，檢點雛孫未放閒。縱是癡愚難逞恕，偶逢聰慧便開顔。他時可許高門户，今日惟宜閉竹關。一聽書聲同朗朗，含飴窗下不曾慳。

按：先生年逾六十，猶得上侍慈幃，及親見其子雲五先生成進士，殊備家庭之樂。然於孫、曾輩課督不少懈。其後科弟繩繩，斐然藝苑，則先生之遺澤長也。

橋西

楊柳橋西隔短堤，主人散步小橋西。花前飲酒兼邀月，醉後成詩不用題。鳥浴池邊飛有浪，雞行竹下哺還啼。逍遥久慕莊生學，物理人情總不齊。

與李生言懷

酒屬杜康詩杜甫，能兼二杜李青蓮。半生忤俗半生醉，一日閒吟一日仙。松竹盤桓山是主，金錢看破世無權。黑甜高下渾同趣，誰遣黃粱到夢邊？

遇友人即別

離思天涯久，殷勤勸一巵。與君乘醉別，莫待醒來時。

解　脱

在家解脱是頭陀，百慮千憂奈我何。忙是敲棋閒是飲，醒時常少醉時多。

光立聲十四首

光立聲 字實君，號漱六，乾隆甲午舉人，有厂青居詩鈔。方製荷曰：『漱六詩體格雅近韋、孟之間，其詞氣峻潔蒼秀，亦足追配昔人，不徒恢恢形貌也。病中展讀數過，如與劉穎川兄弟接談，令人昏不假寐。』

雜　詩　七首之一

陟嶺昧烟嵐，入谿緬渺瀰。谿嶺互蔽虧，遊子懷離徙。親識在何方，關河阻邐迤。望雲若有思，凝睇還自已。羡彼遊川魚，鱗附相欣喜。物理有匹儔，人情區彼此。眷言我故歡，棖觸中夜起。

太白樓蕭尺木畫壁歌

翠螺一山横絶江之涘，上有太白之高樓。四壁四山拔地起，眼前突兀墜顛崖，萬朵芙蓉壓檐底。世無李郭久無山，誰其大筆凌荆關。妙筭毫釐得天契，十指沸沸烟巒間。千盤日觀賓暘谷，東望扶桑海一掬。七十二峰天南頭，石廩紫蓋烘雲簇。匡廬瀑下澎湖流，玻瓈江上峨眉矗。雲雷破空屋角垂，萬里騰擲飛鳥疾。輝煌金碧世間無，小李將軍呼欲出。我聞太白遊蹤遍海壖，氣壓泰山吞長川。騎虬駕鵠騁奇賞，狂歌往往呼青天。又聞蕭翁畫此劇可憐，邦伯致之苦拘攣。垂老絶筆發光怪，圖成却返道山眠。持此走謁箕斗前，高呼太白騎鯨還。日日青山采石巔，握手太笑空千年。

山　居

山深秋易暝，涼氣滿庭隅。坐久無人到，風來落葉俱。泉聲流曲澗，月色上修梧。即此生涯足，甯論歲月徂？

春日漫興　四首之一

一枕江天寺，禪關雲水通。潮聲渾夜雨，曉夢落松風。遲客稀芳躅，行吟愛小紅。寂寥偏自慰，無事更書空。

雞鳴埭　金陵雜詠十六首之一

迤邐亭皋接道場，翠微山色暮雲旁。春深舊輦迷芳草，烟碧空堂禮法王。鶴怨只今餘夜月，鐘聲猶報出殘陽。風流莫問元嘉事，一抹寒烟遠樹蒼。

三、四思兼今昔，意備色空。

得馬雨耕書並除夕詩因寄

我懷君日君思我，千里書來白下門。三月鶯花餘短夢，十年鄉國有吟魂。閒中歲序爭消遣，別後雲山共討論。何事周南怨留滯？新詩亦自洗煩冤。

題王修竹山居

負郭田園十畝餘，蕭疏絶勝遠公廬。泉聲入竹清音滿，山色當窗返照虚。秋老催成潘令賦，地閒種得庾郎蔬。可能半榻分徐孺，黄葉林間伴著書。

鮑以堂訪余山寺夜話賦贈

楓落江南樹影空，故人相見晚烟中。天涯執手惟霜鬢，往事關心只斷鴻。落日千帆尊酒暮，青山一榻夜燈紅。他年蹤跡重相憶，蕭寺鐘聲入遠風。

西湖竹枝詞

家住孤山東復東，酒簾飄盡柳陰風。歡來踏遍西泠路，何處桃花頰面紅。

順德道中

短長亭子漫勾留，一樣春光冷似秋。誰與鄉園報消息？行人尚滯古邢州。

清江登舟順風口號

十幅蒲帆一葉輕，袁江春水浪千層。津程三百淮揚路，細雨飛花到廣陵。

渡　江

微茫雲樹隔江山，挂席風平浪静間。到眼金焦復抛却，鏡中空對好烟鬟。

溪 上

十里晴開一鑑平，緑楊深處晚風輕。扁舟摇動玻瓈海，飛絮飛花夾岸生。

舒邑曉發

金斗城南驛路長，鳥鳴楓葉夜來霜。數行衰柳殘星裏，一騎行人出故鄉。

光 容十三首

光 容 字静叔，號壽堂，乾隆間諸生，有壽堂詩鈔。

春雨江南圖爲吴華川題

江南二月花事早，紫陌紅塵隨處好。馬蹄歷落任去來，細雨夜溼江南道。看君乃是宦遊人，與我同别家園春。燕南風景足領略，吹人漠漠飛沙塵。爲憶江南春正美，釣船新漲生湖水。一枝两枝山杏開，欲雨未雨輕寒裹。我從汾陰來在兹，拂圖展卷縈鄉思。山莊認取公麟筆，知是龍眠春盛時。中有茅屋臨溪渡，門前流水籠烟霧。一爲惆悵向東風，深山開落花千樹。

送吴麗山返晉陵

出郭一長望，寒雲四野飛。疏風依落葉，古道入斜暉。握手驚初别，離魂想乍歸。來春還作客，頻囑浣征衣。

漢口舟次

晚發乘流急，天風吹浪聲。萬山趨楚國，两郡鎖江城。古渡停官舫，通宵數戍更。有人愁不寐，難遣異鄉情。

三、四寫地形極肖。

抵甯州

自鼓章門舵，春風半月間。花開艾子國，夢入皖公山。隔歲音書斷，余生富貴慳。高吟成獨坐，對酒一酡顔。

漢川舟中

兩千程路接新年，时序初更倍悵然。自入楚鄉惟白水，經過蜀道是青天。人家忽斷荆門市，客夢猶驚峽口船。喜得故人豪飲意，清歌相對酒樽前。

聞　雨

漫思往事對銀釭，少女傳更到客窗。弱質不離芝术劑，愁城肯爲杜康降。好花如病難禁雨，短夢欺人不渡江。明日茳蘺應更長，尋芳擬泛木蘭艭。

陝州道中

崤函西去路難經，五里山峰憩短亭。土穴人家邀客住，布簾村酒教愁醒。關河夢裏懸丹閣，風雨聲中過二陵。馬上回頭正淒絶，清歌付與執鞭聽。

六安晤鍾丈

回首空悲久浪遊，紀行猶有小詩留。最憐淮海他年客，今日相逢半白頭。

八月十五夜作

十年慣作天涯客，歸及中秋暮雨寒。何事今宵有明月？不教人在故鄉看。

阻　雨

殘燈挑盡曙光催，半日行期客意猜。多少故人留不住，鷓鴣啼處雨聲來。

解佩亭

東風吹恨落江天，亭外欄干繫客船。我是當年鄭交甫，月明不遇弄珠仙。

洛神遺韻。

宜昌竹枝詞

入峽猿啼日暮愁，江城險要畏黄牛。西風吹得聲聲急，四十人摇上水舟。

三休臺

爲訪章華披野萊，東風二月有花開。三休歌管何年寂？湖草春深緑上臺。

光昭三首

光昭 字範之，號逸茶，乾隆間諸生，有擬茶陵樂府。

昌國君

昌國材，世無雙，齊七十城歸燕邦。昭王死，反間起，騎刼庸材喪師矣。自古垂成功忽敗，豈但燕齊事可怪。

馬嵬驛

六軍相隨馬嵬驛，天子蒙塵父老泣。六軍變起殺國忠，此日亂臣誰肯容？華清宮花次第開，玉環不見春風來。青騾蜀棧迢迢去，寂寞香魂此地埋。

此等在茶陵集中，亦是最上乘。

黨籍碑

黨籍碑，石工鐫，石工但知司馬相公賢。安民字，罪後世，謀者不愧聞者愧。端禮門前建黨碑，工當被役安敢辭？工不鐫名名益著，行路賢奸自是非。

卷三十四

方聞　蘇惇元
王文林　方謙　同校

夏統春四首

夏統春　字元夫，崇禎間以薦官黄陂縣丞，升麻陽知縣，殉節，有碎玉集。明史忠義傳：『夏統春，字元夫，諸生，慷慨有才志，以保舉授黄陂縣丞，嘗攝縣篆，著廉能聲。十五年，賊犯黄陂，統春已遷麻陽知縣，未赴，乃督眾守十五晝夜，賊忽解去，更五日復突至，城遂陷，統春巷戰力竭，被執，指罵賊，賊斮其左右手，猶罵不絶口，至割舌剜目以死。』江南通志：『嘗攝篆黄陂，黄人有「垂簾堂上，置水堂下」之風。賊逼黄陂，親冒矢石，戰力不支，遂死。』按：蔡世遠二希堂集有夏氏忠孝録序：『蓋夏氏自子孝、民懷两公，皆以孝行表著。公又以守職殉節，固忠孝萃於一門。』惜蔡序録之書已罕傳本，而其後嗣亦復式微，可慨也已。

村暮

晚雲飛不盡，孤鳥去偏遲。樹密留人處，山昏欲雨時。漁歌歸別浦，松火隔疏籬。刈得前畦麥，朝來飯可炊。

春晝〔一〕偶閒

但得居閒不厭貧，晝長軒静款殘春。落花輕颺嘗〔二〕過院，乳燕低飛不避人。寧獨善忘書懶讀，亦緣貪卧枕常親。年來薄穫無餘秫，對影多慚漉酒巾。

校記：〔一〕『晝』，龍眠風雅作『盡』。〔二〕『嘗』，龍眠風雅作『常』。

早泊

欲霜不霜天氣昏，作客憎客旅思繁。路險泊舟未及暮，囊空貰酒難盈樽。一林楓葉紅將墜，两岸草蟲寂不喧。薄寒中人殊可畏，何日翩然歸里門？

九江夜泊

斜風一葉入江村，臨水人家早閉門。翠鳥浴隨輕浪去，白魚趂取〔一〕小舟喧。爐烟漠漠連天際，溢草萋萋過雨痕。最苦夜深鐘定後，短篷殘火對〔二〕誰論？

香爐峰、溢浦，俱九江地。

校記：〔一〕『趁取』，龍眠風雅作『取趁』。〔二〕『對』，龍眠風雅作『向』。

夏承春十六首

夏承春 字廣生，崇禎間諸生，有晞髮集。潘蜀藻曰：『先生與弟偕春、統春，風流爾雅，輕財好客，文譽蔚然。生平善蓄書，精於鑑古。姚龍懷羈貧時，一見識爲國器，以女妻之。其知人如此。』

同江向若戴東先吳湯日赴姚戊生瑞隱窩之招〔一〕

積雨霽山城，檐日忽已露。忻赴山澤招，藍輿不待具。殘葩耀陽林，纖草侵樵路。主人候荆扉，慰客停芒屨。高軒映朝暾，前峰開宿霧。緩步聽潺湲，披襟豁情愫〔二〕。漉酒憶陶潛，投簪美疏傅。既秉嘉遯心，無復當時務。倦鳥歸遥墟，流雲罥高樹。觴詠良〔三〕怡人，淹留不及〔四〕暮。

自是元嘉格調，竟體穩成。

校記：〔一〕『招』字後，龍眠風雅有『分得樹字』。〔二〕『披襟』句下，龍眠風雅有『林鬧酣花蜂，溪間窺魚鷺』。〔三〕『良』，龍眠風雅作『最』。〔四〕『及』，龍眠風雅作『覺』。

彭蠡舟中望匡廬〔一〕

夙昔慕匡廬，挺秀甲區宇。背江面鄱〔二〕湖，山澤氣吞吐。矗影薄雲〔三〕漢，措趾列〔四〕培塿。崒嵂峰連綿，嶔崎石搘拄〔五〕。緬懷康樂屐〔六〕，更憶遠公麈。法會集群英，玄風暢千古。

一抹黛色濃，青生夜來雨。衰年雖力疲，餘興猶堪賈。葬骨亦同清〔七〕，三復昔入語。

校記：〔一〕龍眠風雅詩題前有『歸汎』二字。〔二〕『鄱』，龍眠風雅作『向』。〔三〕『雲』，龍眠風雅作『霄』。〔四〕『列』，龍眠風雅作『卑』。〔五〕『嶔崎』句，龍眠風雅作『傾敧石支拄』。〔六〕『屐』，龍眠風雅作『鞋』。〔七〕『葬骨』句，龍眠風雅作『死葬骨也清』。

初寒

四運何密移，殘歲又相逼。蕭蕭風異響，黯黯雲同〔一〕色。微霰下疏林，棲禽斂寒翼。荒居畏漂搖，縈慮無甯刻。爐炭燼爲灰，簷日曝欲昃。天道總悠悠，人事亦默默。欲就仁祖餉，慚乞淵明食。老大空復悲，年少不努力。

年少努力，豈遂免於就餉乞食耶？亦無可奈何之詞耳。陶公不云乎『不賴固窮節，百世將誰傳』？則饑寒帶索，無復怨尤矣。

校記：〔一〕『同』，龍眠風雅作『一』。

悼亡 二首之一

曉起拂靈牀，黯黯流塵積。淒風吹繐帷，陰壁寒螿泣。宵燈焰尚存，露下庭蕪濕。日月忽不淹，修途追莫及。觸目隨所之，宛宛多遺跡〔一〕。彷彿想音容，倚杖時獨立。斜〔二〕日下簾櫳，空堂愁復入。

校記：〔一〕『宛宛』句下，龍眠風雅有『乖別當暮年，哀至淚反澀。更無同心人，與我性相習』。〔二〕『斜』，龍眠風雅作『落』。

偕李當衡訪山刹因留宿即事

信宿款柴門，已踐〔一〕雞黍約。主客興猶賒，前峰共探索。丹葩覆溪流，緑葉鬱林薄。風度笠影攲，磴轉筇力弱〔二〕。深林邁躋攀〔三〕，老僧見喜躍。午鐘聲未殘，清齋絶藜藿。少憩陟高岑〔四〕，四眺天宇闊。衆山如培塿，嵯峨失所著。地際露湖光，烟中辨墟落〔五〕。踟躕暝色昏，竹扉掩〔六〕已縛。緇叟僧律寬〔七〕，共客陳〔八〕杯酌。環論返齊諧，微醺勝魯粕。樹迴無棲禽，籬疏見明〔九〕爝。中宵千仞嶺，一榻忻有託。耳聆梵磬〔十〕音，夢洗塵土惡。曉日看曈曈〔十一〕，寒霧尚漠漠。安能久作緣，悵然返城郭。

校記：〔一〕『已踐』，龍眠風雅作『踐罷』。〔二〕『磴轉』句下，龍眠風雅有『危巒拔地起，勢可並廬霍。迤從一徑通，三面形如削』。〔三〕『深林』句，龍眠風雅作『屢休方得躋』。〔四〕『岑』，龍眠風雅作『層』。〔五〕『烟中』句下，龍眠風雅有『巖深日易沉，可以理歸屩。同來三五人，留者我與若。逍遥石巖畔，乳泉當一勺』。〔六〕『掩』，龍眠風雅作『早』。〔七〕『僧律寬』，龍眠風雅作『寬僧律』。〔八〕『陳』，龍眠風雅作『有』。〔九〕『明』，龍眠風雅作『陰』。〔十〕『梵磬』，龍眠風雅作『磬梵』。〔十一〕『曈曈』，龍眠風雅作『曈曈』。

抵饒州寓永福寺

僧寮榻許借，暫可憩身心。帆影過城堞，塔端巢水禽。鄉程春樹斷，旅夢曉鐘侵。不悟無生理，塵緣空復深。

過〔一〕戊生山館看桃花

陟巘見茅屋，主人倚杖斜。搴蘿掃石几，留客看桃花。水濯一溪錦，雲蒸半嶺霞。翩翩雙蛺蝶，來去意無涯。

校記：〔一〕龍眠風雅「過」後，有「姚」字。

新燕來

江燕何微渺，能諳節候交。一從余卜宅，两見爾營巢。檐敞雙飛入，梁空對語啁。物情殊〔一〕可戀，門掩静誰〔二〕敲？

校記：〔一〕「殊」，龍眠風雅作「深」。〔二〕「静誰」，龍眠風雅作「畏人」。

姚駕侯涉園茅亭落成

爲亭聊寄傲，日涉有餘閒。坐待城中酒，飲看檐際山。池萍風定合，林鳥日晡還。好與園丁約，余來莫掩關。

夏日遊姚若侯山齋

新篁翳谷口，樵徑繞〔一〕柴關。峰翠四圍合，雲陰一片閒。衰歌〔二〕宜對酒，暑氣不侵山。去郭無多路，何嫌數往還。

爽園句：『葉聲霜後厲，山氣晚來蒼。』城南句：『衰草夕陽路，遠天殘雪山。』看荷花句：『溪風涼解帶，荷氣馥盈尊。』

校記：〔一〕『繞』，龍眠風雅作『達』。〔二〕『歌』，龍眠風雅作『顏』。

過姚戊生新營別業

羨君一榻寢于于，無復鳴騶向耳呼。花萎殘紅春欲盡，林垂濃綠日將晡。纔依籬落開三徑，未得牆頭過一壺。却話故山從別後，東風幾度長蘼蕪？

同姚聖林左子兼家弟仲寬過别峰庵

秋樹陰森葉未催〔一〕，精藍遥在碧雲隈。犬如華子岡頭吠，人在山陰道上來。鐘定僧閒供茗椀，天晴〔二〕月白照香臺。陶潛入社難除酒，許我攜樽看早梅。

校記：〔一〕『催』，龍眠風雅作『摧』。〔二〕『晴』，龍眠風雅作『青』。

左子兼兄弟治具邀同廣陵周驤伯梁子武遊龍眠暮宿獅子社

同人竟日探幽去，山色秋深覺更妍。一杖高低黄葉路，千峰向背夕陽天。僧能借榻堪留飲，客解吹笙可廢眠。林月滿除尊未竭，不知今夕興何偏？

送四弟之建甯

汀州草樹歇春暉，送爾心隨去鳥飛。時際〔一〕麥秋艱旅食，路經梅雨潤沾〔二〕衣。家貧骨肉團圞少，世亂間關音信稀。到日若逢賢地主，買山前〔三〕足早言歸。

校記：〔一〕『際』，龍眠風雅作『值』。〔二〕『沾』，龍眠風雅作『征』。〔三〕『前』，龍眠風雅作『錢』，是。

哭内兄倪元度

避難歸來情更親，尋常雞黍共〔一〕論文。何期白玉樓需記，遂使黃泉路獨分。桑扈返真甯有友，遠公結社惜無君〔二〕。可憐垂老知交盡，又見天風折雁群。

校記：〔一〕『共』，龍眠風雅作『亦』。〔二〕『結』，龍眠風雅作『開』；『惜』作『恨』。

立秋日喜秋葵便開

忽聞高樹曉啼鴉，蝶散空牀幽夢賒。種得秋葵期不爽，兒童驚喜看新花。

夏遠一首

夏遠 字掄采，諸生，有竹西漫遊草。

卜居鄰莊

春睡常慵起，搴帷日滿窗。瓶花開對對，梁燕語雙雙。眼暗書恆錯，衷愁〔一〕酒未降。浮生將半百，一夢逐湘江。

校記：〔一〕『衷愁』，龍眠風雅作『年衰』。

唐時謨三首

唐時謨 字孟嘉，崇禎初諸生，有貴思堂詩集。

柬方仁植中丞

方叔今元老，荆襄勤〔一〕壯猷。已酬麟閣志，可任蠡湖遊。秋月頻移櫂，春風好繫舟。丹巖題遍處，逸興在〔二〕林丘。

校記：〔一〕『勤』，龍眠風雅作『勒』。〔二〕『逸興在』，龍眠風雅作『我正滯』。

客有詢予維揚舊事者答之

丞相新承詔，元戎獨視師。颷馳江失險，雹掣纛初移。萬馬屯雲暗，千帆扼海遲。爾時典書記，秘密許人〔一〕知。

史閣部鎮維揚，四鎮降敗，略具此四十字中。

校記：〔一〕『人』，龍眠風雅作『誰』。

送恭順侯吴實宰〔一〕招撫粤東

鶯花百粤阻春風，草檄臨軒策上公。舌帶劍鋒如陸賈，談銷兵甲勝唐蒙。循崖無復慈元殿，到海惟聞〔二〕賣藥翁。嶺外尚留〔三〕銅柱在，只今誰數伏波功？

校記：〔一〕『宰』字底本缺，據龍眠風雅補。〔二〕『聞』，龍眠風雅作『逢』。〔三〕『留』，龍眠風雅作『存』。

潘映婁二首

潘映婁　字次魯，號復齋，崇禎丙子、己卯副榜，順治初官两浙鹽法道。

酬何司空大瀛

大雅將誰託？斯文宛在兹。曹南多夙譽，水部最能詩。月俸存官米，風塵伴放〔一〕葵。琅玕頻贈我，慚不似潘尼。

校記：〔一〕「放」，龍眠風雅作「旅」。

送友人遊江東

江上楊花似落梅，輕舟遥向武林催。赤城霞氣朝朝見，滄海潮聲夜夜來。昔地溪山猶未改〔一〕，故人樽酒應〔二〕常開。况逢謝客鳴琴處〔三〕，春草池塘夢幾回。

校記：〔一〕「昔地」句，龍眠風雅作「此地山川猶不改」。〔二〕「應」，龍眠風雅作「好」。〔三〕「謝客」，龍眠風雅作「靈運」；「琴」作「絃」。

潘五芝二首

潘五芝 字如孫，崇禎末布衣。

同顧與治余澹心梅杓司集梁甫水亭

偶爾逢高會，荷亭面面開。晚風吹暑去，涼氣逐人來。船火依楊柳，城陰落酒杯。接䍦休倒著，笑我習池〔一〕回。

校記：〔一〕『池』，龍眠風雅作『家』。

遊披雪洞〔一〕

村花堤草正紛紛，天半奔濤數里聞。囓草鹿喧春澗雨〔二〕，穿松人踏石樓〔三〕雲。傍巖春近灘聲合，夾岸山當日午分。乘興不知林谷暮，洞門烟鎖緑苔深〔四〕。

校記：〔一〕龍眠風雅詩題作修禊後一日同友人遊披雪洞。〔二〕『雨』，龍眠風雅作『水』。〔三〕『樓』，龍眠風雅作『谿』。〔四〕『深』，龍眠風雅作『紋』。

潘天芝二首

潘天芝 字薪孫，崇禎末諸生，有橫巖詩稿。

贈無可

不盡當年事，相逢笑勿言。萬山歸落魄，幾載費招魂。雖覺滄桑改，猶憐皮骨存。竹窗清絶處，鐘磬伴黄昏。

蜀藻草堂落成詩以寄懷〔一〕

去年書報草堂成，索我裁時和友生。白雪三冬殘郢調，梅花二月試鶯聲。寒江潮汐〔二〕虚安道，春水鱸魚憶步兵。客思蹣跚歸倍悉，新齋遥妒列星明。

校記：〔一〕龍眠風雅詩題作蜀藻客歲貽書云草堂新成屬爲和同人落成詩適以吴遊未果今寄懷一章兼誌前約。〔二〕『潮汐』，龍眠風雅作『汐斷』。

潘益二首

潘益 字次益，號拙庵，原名映參，順治間貢生，官建安訓導，有建安、嶺南遊草。

秋夜對月

月色清如水，涼風向晚多。竹牀供睡穩，村酒引〔一〕顏酡。鶴唳連〔二〕山爽，猿啼隔岸過。此中饒逸興，長夜自婆娑。

校記：〔一〕『引』，龍眠風雅作『釀』。〔二〕『唳連』，龍眠風雅作『語千』。

詠夜落金錢花

斂艷含朝露，舒華向日中。金錢擲夜半，怕聽五更風。

潘士璜一首

潘士璜 字鳴瑕，號石巖，順治己丑進士，官東陽知縣。

過譚友夏里

十載憶寒河，輕船望薜蘿。變風當代尚，大雅竟陵多。颯颯看蘆荻，蕭蕭老芰荷。嶽歸堂不遠，烟雨詠相過。

潘　江十九首

潘　江　字蜀藻，號木崖，康熙間諸生，有蜀藻集。江南通志：『江爲詩學少陵、昌黎，晚兼涉香山、劍南，年八十四卒，著有名宦鄉賢實録、詩韻尤雅，而龍眠詩選前後集，羅遺文於既墜，發潛德之幽光。三百年來詩人借以不泯，厥功尤鉅矣。』張文端貽潘木厓書曰：『博學鴻詞之舉未及推薦，遂成有生一大憾事。然三公不易之一日，名山不朽之千秋，終不當以區區一官間，先生富貴不與之樂也。』錢田間集潘蜀藻詩序：『蜀藻在吾鄉稱知名士者三十餘年。其爲詩學香山，亦時出入於錢、劉之間。十歲時應郡試，有聖童之目。生平耽嗜風雅，遇人有一語之善，歌舞贊歎不能自已。嘗搜輯同鄉先輩及諸亡友、逸士之遺編，爲之論定而表章之。』齊邦直潘蜀藻詩義序：『蜀藻天才敏妙，而衷於情者深，稟經酌雅，不溢前人矩矱，得意疾書，不苟爲同異，風雅之卓然成家者也。』張文端篤素堂集潘蜀藻集序：『蜀藻天才高卓，沐浴於詩學者三十餘年。又嘗歷遊齊、岱、京、楚，與海内詩人相酬答。其爲詩抒寫胸臆，窮變極妍，而不傷其涵蓄高淡。』吴湯日寄懷蜀藻句云：『盡闡幽光遴百氏，重編麗帙勤千秋。』又云：『擁書萬卷斯爲貴，下筆千言信有神。』又云：『元禮正文宜此日，太沖索序重他年。』璥按：先生薦舉鴻博，以親老辭。生平肆力於詩，晚年漸臻放翁勝境。七言律體佳句尤多，如登岱云：『雀纔飛處雲俱白，雞未鳴時日已紅。石洞烟迷龍蜕骨，芝田花暖麝留香。』晚春雜詠云：『睡起門生剛送酒，詩成小婢旋焚香。事少方知春晝永，山多漸覺晚春寒。乍減寒衣猶復著，偶嘗新醖已微酣。』輓吴無齋云：『天上少微空黯淡，枕邊鴻寶尚輪囷。』此類可采入錦囊。

觀吴臨垣所藏宋張擇端清明上河圖

汴州清明競上河，汴城内外遊人多。河邊堤岸两相向，褰裳連袂蹂〔一〕春莎。昔在有宋全盛日〔二〕，朝野甯謐除煩苛。誰爲此圖繪清晏〔三〕，張君擇端手摩挱。彭城明府示長卷〔四〕，層層兜裹如包荷〔五〕。纔展半幅豁心目，柳堤花嶼〔六〕何逶迤。其間人物不〔七〕盈寸，往來〔八〕

絡繹肩相摩。或行或立或負戴，或坐或卧或婆娑。或擁香車隔紫障，或控金勒鳴鸞珂〔九〕。或聚兒童共踏鞠〔十〕，或扶笻杖垂〔十一〕皤皤。或放鵝鴨戲沙渚，或驅羊牛登坡陀〔十二〕。或聚遊人聽搏黍〔十三〕，或迓田祖搥靈鼉〔十四〕。或逞〔十五〕舞組角觝戲，九門磔攘如春〔十六〕儺。或群輿隸擁官長，辟易左右嚴訊訶〔十七〕。或共藉地鬭芳草〔十八〕，或横驢背工吟哦〔十九〕。或自家墓〔二十〕行踽踽，或餕而醉舞傞傞〔二十一〕。河中布帆懸累累〔二十二〕，或來或往如流梭〔二十三〕。或喜乘風颭五两〔二十四〕，或競牽挽行蹉跎〔二十五〕。或泊蘆葦觀漁釣，或聞簫鼓櫓徐拖〔二十六〕。或數舴艋騾〔二十七〕抵觸，或两艨艟齊〔二十八〕經過。或榜船桅運〔二十九〕軍餉，或標黄幟裝官鹺〔三十〕。遊人自遊船自駛〔三十一〕，不覺密邇都〔三十二〕城阿。城中衢列〔三十三〕看不足，富擁猗頓〔三十四〕貲程羅。五都之陳集百貨〔三十五〕，欲載奚啻千名駞〔三十六〕？皇居巍峩漸已近〔三十七〕，龍舟鳳舸排〔三十八〕嵳峩。朱簾錦纜望閶寂〔三十九〕，清流汎汎吹〔四十〕微波。令人想見畫舫裏〔四十一〕，朝列〔四十二〕百鼎夕千娥。我閲此圖三嘆〔四十三〕息，汴京風俗應無訛。東陽相國書跋識〔四十四〕，虞危學士陳〔四十五〕詩歌。皆言宋本久零落〔四十六〕，張著得之成〔四十七〕轗軻。因思真仁繼御宇〔四十八〕，聖明在位無偏頗。民俗康樂財力阜，年年社酒朱顔酡。疇生厲階失導馭〔四十九〕，坐令陸海〔五十〕尋干戈。汴城繁華自今昔，一朝頹敗由宣和。五國城中詠莓母，如此寒食清明何？自古興亡若轉轂〔五十一〕，使我掩卷滋〔五十二〕滂沱。

敘述詳備，氣格蒼遒，可擬東坡石鼓篇，其用韻亦同。圖不可見，讀詩如見全圖。有聲之畫傳布彌廣。

校記：〔一〕『踩』，詩集作『踏』。〔二〕『日』，詩集作『年』。〔三〕『清晏』，詩集作『太平』。〔四〕『明府』，詩集作『吴公』；『長』作『此』。〔五〕『兜裏』，詩集作『裹折』；『包』作『卷』。〔六〕『嶼』，詩集作『曲』。〔七〕『不』，詩集『皆』。〔八〕『往來』，詩集作『來往』。〔九〕『勤』，詩集作『羈』；『鸞』作『玉』。〔十〕『共踏鞠』，詩集作『相嬉逐』。〔十一〕『垂』，詩集作『髮』。〔十二〕『羊牛』，詩集作『牛羊』。〔十三〕『或聚』句，詩集作『或挈遊伴聽黃鸝』。〔十四〕『迓』，詩集作『迎』；『槌』作『伐』。〔十五〕『逞』，詩集作『爲』。〔十六〕『攘』，詩集作『禳』；『春』作『行』。〔十七〕『易辟』句，詩集作『行行如聞吏怒訶』。〔十八〕『地鬪芳草』，詩集作『草相比鬬』。〔十九〕『横驢背工』，詩集作『騎驢潛獨』。〔二十〕『自』，詩集作『上』；『墓』作『回』。〔二十一〕『餒而醉』，詩集作『醉而歸』。〔二十二〕『布帆懸累累』，詩集作『檣帆更不定』。〔二十三〕『或來』句，詩集作『或去或來疾如梭』。〔二十四〕『或喜』句，詩集作『或去乘風篙櫓間』。〔二十五〕『競』，詩集作『來』；『行』作『虞』。〔二十六〕『或泊』二句，詩集作『或入蘆葦淺叢中，漁翁得魚擲漁婆』。句下有『或逢簫鼓來中流，長年穩坐柁微拖』。〔二十七〕『聚』，詩集作『相』。〔二十八〕『齊』，詩集作『竝』。〔二十九〕『桅運』，詩集作『頭號』。〔三十〕『標』，詩集作『插』；『幟裝』作『旗署』。〔三十一〕『駛』，詩集作『行』。〔三十二〕『密邇都』，詩集『已到帝』。〔三十三〕『衢列』，詩集作『店舍』。〔三十四〕『擁猗頓』，詩集作『埒陶白』。〔三十五〕『陳集百貨』，詩集作『市百貨集』。〔三十六〕『啻』，詩集作『止』；『名馳』作『槖駝』。〔三十七〕『皇居』句，詩集作『最後漸知皇居近』。〔三十八〕『排』，詩集作『欝』。〔三十九〕『望閬寂』，詩集作『閬無人』。〔四十〕『吹』，詩集作『動』。〔四十一〕『晝舫裏』，詩集作『舟中人』。〔四十二〕『列』，詩集作『烹』。〔四十三〕『嘆』，詩集作『太』。〔四十四〕『書跋識』，詩集作『有跋記』。〔四十五〕『危學士陳』，詩集作『集危素爲』。〔四十六〕『本』，詩集作『末』；『零』作『流』。〔四十七〕『成』，詩集作『最』。〔四十八〕『因思』句，詩集作『因思仁宗真宗時』。〔四十九〕『導馭』，詩集作『此景』。〔五十〕『陸海』，詩集作『神州』。〔五十一〕『若轉轂』，詩集作『皆如此』。〔五十二〕『滋』，詩集作『淚』。

憶峼㟮山剎〔一〕

栲栳層峰出〔二〕，吾曾坐翠微。燒燈窺日出，俯檻看雲飛。地迥蚊虻〔三〕絶，厨香笋蕨〔四〕肥。最憐無月〔五〕夜，叱虎有僧歸〔六〕。

校記：〔一〕詩集詩題作憶峼㟮山剎兼懷曹印上人。〔二〕『出』，詩集作『上』。〔三〕『虻』，詩集作『蠅』。〔四〕『笋蕨』，詩集作『莧笋』。〔五〕『無月』，詩集作『月黑』。〔六〕『叱』，詩集作『銜』；『有』作『一』。

送女于歸〔一〕

十七閨中秀，登車頓遠離。可憐一弟幼，相送〔二〕尚兒嬉。儉歲香奩薄，貧家竹笥宜。

更〔三〕無犬可賣，此際爾應知。

家人語，真摯入微，近似少陵鄜州、歲暮諸篇。

校記：〔一〕詩集詩題作送女歸陳氏。〔二〕『相送』，詩集作『送姊』。〔三〕『更』，詩集作『況』。

玉屏庵訪雪映上人

一徑循山麓，沿溪舊〔一〕種松。危橋全倚杖，高閣漸聞鐘。蔬圃編籬隔，苔階上笋重。老僧延茗話，語不墮禪宗。

校記：〔一〕『舊』，詩集作『新』。

自桐城至黄州道中雜詩

天寒沙凍坼，野闊水瀠洄。上馬未三里，過河已十回。茶亭明驛路，烟樹隱烽臺。日暮前村叟，懸燈待客來。

不是饑驅迫，中途亦可歸。傳來三楚信，纔解萬山圍。野曠棲烏急，峰高過雁稀。北風吾畏汝，吹作雪花飛。

不寐

永衣〔一〕眼常開，愁腸幾百回。喚醒僮復睡，喝去鼠偏來。寒柝經心急，孤鴻入耳哀。來〔二〕朝看短鬢，應有雪霜催。

校記：〔一〕『衣』，詩集作『夜』，是。〔二〕『來』，詩集作『明』。

同李石逋芥須訪鄧樸庵因留飲宅後亭〔一〕

落成曾幾日，已盡斬蓬蒿。荷葉如錢大，葵花比樹高。衰眸宜稗史，前輩剩風騷。翻藉兵厨酒，讐書未〔二〕老饕。

校記：〔一〕詩集『亭』後有『子限來騷樓軒四首』。〔二〕『未』，詩集作『慰』。

柬任克家

幾年前泊皖江瀆〔一〕，握手相憐出處分。下里聲歌難和雪，茂陵詞賦本陵雲。何曾小草空慚我，此去先鞭定屬君。他日安車謝巖壑，龍山休假稚圭文。

校記：〔一〕『瀆』，詩集作『濱』。

兖〔一〕州感懷

兖州城北市烟繁，獨立蒼茫感慨存。杜老亭臺餘故址，魯王宫殿鎖重門。風流令尹祠詩史，灰燼遺民説舊藩。更欲驅車濟陰去，不堪回首日黄昏。

校記：〔一〕『兖』，詩集作『兗』，是。

聞劉爾雅除廣昌令却寄〔一〕

雪後新晴煖未回，僕夫趁凍已頻催。雞啼遠店星猶動，鴨宿沿河夜不回。處處土鍋當户置，村村石廟向南開。蹇驢破帽吾憐汝，可是山陰訪戴來。

馬上連朝耐苦辛，只愁雪夜與霜晨。回頭向日寒微減，撲面迎風凍欲皴。北麥南禾都苦賤，居人客子盡言貧。家園若不飢軀〔二〕迫，剪燭圍爐過小春。

校記：〔一〕詩題據木厓集應是自桐城至定陶道中口號。共十首，此爲其中二首。〔二〕「軀」，詩集作「驅」。

出紫荆關

天險何年鎮朔方？出關風物便淒涼。河流挾石聲悲壯，牆堡沿山勢渺茫。磧草纔青來紫燕，邊沙欲白起黄羊。我來五月猶如此，愁殺軍城賦早霜。

聞劉爾雅除廣昌令却寄〔一〕

桑乾河上夕陽殷〔二〕，叱馭遥從冀〔三〕北還。久歷風塵行路熟，不攜妻子辦裝閒。雲迷絶坂飛狐口〔四〕，雪壓層峰〔五〕倒馬關。頓使故人遊興冷，任君拄笏對香山。

校記：〔一〕詩題據木厓集添補。〔二〕『夕陽殷』，詩集作『水潺湲』。〔三〕『冀』，詩集作『薊』。〔四〕『口』，詩集作『日』。〔五〕『峰』，詩集作『冰』。

輓祝山如

老去婆娑寄此身，硯田耕織未全貧。異書不厭從予假，往事偏争逸史真。每與君言無俗諦，可憐吾里失詩人。妖狐毒蟒曾何限，一問蒼天一愴神。

自桐至定陶道中口吟〔一〕

舒城城北宗家店，十載前曾此問津。晝短難容中夜假，霧濃生怕雪天真。橋逢獨木頻驚馬，路過〔二〕雙叉早問人。稍喜僕夫多舊識，今宵旅館倍情親。

校記：〔一〕『吟』，詩集作『號』。〔二〕『過』，詩集作『遇』。

聞葉紫賓邑侯罷官有感

三年棠蔭〔一〕滿郊原，不獨身銜國士恩。萬井自輸秋稌稟〔二〕，一谿環注雨〔三〕花村。葉革里役濬桐渠，諸多惠績民頌之。中山有篋偏騰謗，下里何人爲頌冤〔四〕？却恨浮蹤〔五〕羈遠道，莫〔六〕隨父老共攀轅。市民所稱賢，乃臺司所深惡也，亦從古如斯矣。

校記：〔一〕『蔭』，詩集作『庇』。〔二〕『秋稌稟』，詩集作『無税吏』。〔三〕『注雨』，詩集作『繞到』。〔四〕『下里』，詩集作『門下』；『頌』作『訟』。〔五〕『浮蹤』，詩集作『饑驅』。

黄州贈宋牧仲通守

廣平門第本翩翩，三十通侯正少年。劇郡信徵經術重，才人誰信簿書賢。搴帷野外荏苒靖〔一〕，輓漕江皋芻粟全。莫道一官憑世胄，贊皇相業是家傳。

校記：〔一〕『靖』，詩集作『盡』。

録先輩詩酬還山〔一〕

姚生詩傳海内知，將鐫忽輟吾何疑〔二〕。安忍斗邊勃窣氣，仍如爨下焦枯時。乘此雨天恣冥討，鼓我餘勇來新詩。集成長跽乞元晏，碧眼爛爛今波斯。

校記：〔一〕詩集詩題作雨中手録鄉先輩詩還山以詩見贈次韻奉酬。〔二〕『鐫』，詩集作『梓』；『何』作『滋』。

潘仁樾七首

潘仁樾 字括蒼，號小林，江子，康熙間貢生，官吴縣訓導，有吴門草。

六日立春

黍穀纔吹律，荒園欲綻梅。春知人日近，花逼曉風開。烹雪年前水，浮杯臘後醅。同人頻寄語，虎阜足徘徊。

暨陽道中雜詩 五首之一

野雀喧初霽，輕風送小舲。寒仍侵襆被，春已動林坰。盪槳波生緑，看山雨送青。一氈如醉夢，對此暫時醒。

光福寺

虎山橋畔寺，停棹訪支公。塔影斜陽外，苔封野殿中。檐花長帶雨，林鳥自呼風。不斷前溪水，移舟入堰東。

桃花塢唐伯虎墓

藉甚唐才子，南冠繫鼠牙。脱身歸舊國，痛飲賦桃花。遂作棲魂地，還來過客車。不堪蘋薦後，落日照寒鴉。

天平山

層巒不借土爲根，角豸森森拱至尊。遠水接天吞日月，群峰匝地侍兒孫。野雲破處城烟合，宿鳥歸來嶺樹昏。洞口石横迷出入，鐘聲引我到禪門。

庚辰除夕

四十明朝又一年，夜吟行坐短檐邊。一叢細草先春緑，數點寒花帶雪妍。柳影臨池悲冷落，藤梢緣壁笑牽連。人間不少榮枯事，付與東風細評詮。

學圃種菜詩　八首之一

豆架分來禪院竹，瓜棚乞得虎丘松。預期長夏濃陰裏，坐聽斜陽晚寺鐘。

潘義炳十四首

潘義炳　字蔚友，號念堂，雍正間諸生，有念堂詩鈔。黄憲尹序秋興詩曰：『潘子少孤，奉節母孝，年未三十好爲詩。今讀秋興詩，掃灰滓而不纖佻，滌艷冶而不寒瘦，因景言情，因情賦事，飄逸秀婉，大雅不群。』按：先生有復汪師韓書曰：『一代有一代之風氣，一人有一人之懷抱。蛾眉不同貌而俱動於魄，芳草不同氣而皆悦於魂。其各抒性情一也。』又曰：『學詩者，沉酣乎經史，以裕其原；浸淫乎漢魏，以厚其質；涵泳乎六朝、唐、宋，以腴其華滋。』又曰：『詩貴立體，而忌俗者五：一曰俗體，二曰俗意，三曰俗句，四曰俗字，五曰俗韻。』蓋先生爲木厓公之孫，其秉諸庭訓者既詳且備，而其形諸歌詠者，亦典以則矣。

張魚牀怡莊 集唐句。

清川在城下，高適。城下春山路。皇甫冉。橋東水北亭，白居易。曲島花千樹。劉禹錫。未是得閒人，李頻。且詠閒居賦。李群玉。尊酒坐高堂，劉復。中庭月一方。李端。上有青青竹，白居易。南山高且長。許渾。而我高其風，王昌齡。因之山水中。孟郊。華凝衣有露，劉德仁。高臺一徑通。許渾。勝地石堂偏，杜甫。自有一山川。杜甫。賓客皆才華，白居易。筆下起風烟。皇甫冉。或吟詩一章，白居易。或開書一篇。白居易。偶然成一醉，李冶。人間有閒地。白居易。好鳥不歸山，杜甫。好風能自至。錢起。雲物是清秋，孟浩然。烟波淡悠悠。白居易。且喜物與人，白居易。終焉無所求。元結。不知池上月，元結。樂天是與不？白居易。

方南堂評：『委宛虛夷，天衣無縫，氣體絶似錢考功。集句詩最難自然，惟王荆公最擅，此長詩殆可與之抗行。』

懷姚梓嵐

春風囀流鶯，天氣正和爽。散盡南山雲，青青到簾幌。故人客京華，山川修且廣。回首憶去年，園林恣遊賞。振策陟亭巒，高吟發秋響。良會曾幾時？脂車又北上。何以慰相思，雙魚託來往。

湖村秋興

有地皆臨水，無村不種瓜。飲分開士鉢，酒貰野人家。高柳半飄葉，枯藤猶作花。萬緣都棄置，一意領烟霞。

九賢詩　録三

楊大令爾銘

年少膺朱紱，時危狎緑沈。嬰城惟藺石，閉閤罷鳴琴。七載烽烟淚，五更刁斗心。公作五更轉歌，俾兵民巡邏時歌之，以作其怠。吏民銜再造，歌哭到於今。

張大令

令尹無新舊，公繼楊公侯。城垣重守防。樓船起楊僕，半壁賴睢陽。戎馬交馳急，追呼轉餉忙。枕戈十五夜，心力瘁危疆。

竇營士成

賊脅兼軍令，誓將鼎鑊期。丹心撑壁壘，碧血濺鬚眉。致命何論賤，成功不在奇。只應十萬户，户户設壇壝。

曾愛九評：『鍊格鍊句，直入少陵之室。首首切合情事，仍復生新。』

過翁蘿軒白雲山居

幾回世美堂中醉，又向烟蘿訪石泉。草木定成他日記，衣冠曾説此翁賢。百年小住堪遺俗，半日清遊亦是仙。辜負白雲懸一榻，櫂歌聲去意流連。

張楞阿方伯請養歸里　四首之一

鳴珂畫戟接門閭，藜閣同藏太史書。典禮禁中資岳牧，板輿花下繞階除。賢良致主能繩武，尊養甯親蚤遂初。未許三公易一日，豈徒平子賦閒居？

張漁牀招賞牡丹

深院藏春色，雕欄簇錦堆。忽看蜂蝶過，香落手中杯。

樅陽阻風

風雨空灘薄薄寒，孤篷連日逗江干。石尤解事留行客，紅樹青山作別難。

訪翁蘿軒世美堂

門前桃李見孫枝，隱卧東山閱歲時。墊角一巾風雪裏，無人知是相公師。

張少保爲先生門人。

樅陽偶吟 三首之二

精舍依山繞碧溪，何人載酒問招提。一聲清磬禪初定，緑樹黄鸝小閣西。

春雨春風苦憶家，蕭條庭院閉梨花。爐紅水沸闌干外，野寺無人自煮茶。

張荷村

繞屋桐溪水自流，辛勤肯構見貽謀。杜門不作彈冠客，閬苑春風十二樓。

潘鴻寶九首

潘鴻寶 字鼎如，號柏亭，乾隆間諸生，有蜀遊集。

行路難 四首之一

奉君庾信小園之數畝，和靖梅花之書屋。樂天樊素之姬人，謝傅東山之絲竹。蒲桃美酒斗十千，一卷黄庭林下讀。停杯投箸歌路難，霜落烏啼天地肅。

奇氣勃發，不獨語句似鮑。

即　景

落日滿綿州，山村一覽收。竹遮禽語細，沙襯馬蹄柔。人影摇官柳，花光上酒樓。鐘聲穿樹出，隨客到江頭。

贈王外委

手挽黄間百戰豪，生擒首虜耀翎毛。書生白面羞隨陸，猛將丹心慕鄂褒。卧枕髑髏聞鬼語，行褰馬革補軍袍。燈前暢説從戎事，指點瘢痕幾處刀。

與碩夫第登大佛寺

無著天親不憶家，相將病骨踏烟霞。不逢黄石求靈藥，且向青鴛懺法華。波湧寺門催梵鼓，雲埋僧榻溼袈裟。斜陽欲過青山去，古木蒼蒼數暮鴉。

謁杜少陵祠

萬里官橋百尺長，浣花溪下杜蘅香。江山阨塞關何事，只爲詩人一草堂。

木　山　署齋雜詠十首之一

萬壑千巖座右圍，休誇米老硯山希。他時親友如相問，載得三峩三峽歸。

無　題

抱得成連海上琴，岷峩頂上訪知音。水仙不是移情操，延望何人識此心？

漢高帝 詠史五十首之一

沛公仗劍定三秦，風虎雲龍信有真。分得太公羹一語，豈宜重問醢功臣？

巴江竹枝詞

大峩綽約小峩柔，眉角彎彎翠黛浮。秋月澄江作明鏡，風流蠻女照梳頭。

潘森若一首

潘森若 字啟之，號木林，乾隆間諸生。

白明府遷任無爲州

未及攀轅共唱酬，春風忽送使君舟。稻孫樓外觀新政，鴨子湖邊重舊遊。人住一鄉慚善士，白嘗贈頌云。量移八載頌賢侯。循良佇目舒州近，重憩甘棠布遠遊。

潘讓一首

潘讓 字受謙，號廉泉，嘉慶間諸生。

答友

名山端的付名流，畫本重重眼底收。十里垂楊披馬耳，練潭有馬。一潭新月漾龍頭。練潭秋月亭下有龍頭石。泉飛石上宜新霽，雨過亭前喜嫩秋。詞賦知君才並美，湖光應共筆花浮。

石麟一首

石麟 字永也，天、崇間處士。靜志居詩話：『麟之曾祖英，字内含，正統居北郭古塘，享年百有三歲，生子七人，有孫二十三人。其同庚友許澹初、魏谿叟年九十時，棄家學道，不知所終。内含百歲之日，賦詩憶之云：「庚申共守人何在？甲午同生獨詠詩。」麟所詠白果樹，即内舍所手植也。』

白果樹歌 明詩綜選

先人卜築闢榛蕪，手種白菓樹兩株。愛他離離只結實，曾無花謝花開時。兩株樹各七分枝，樹下人家亦七支。聞昔蓂莢葉，厥象十二月。南海一風草一節，由來草木知先幾，人中之幾知者希。

朱竹垞云：『永也此詩原本未免冗長，予爲芟節存之。』

石攸三首

石攸 字南園，號松坨，康熙間太學生，官□□知州，有菊畦詩鈔。

竹崎關

沙闊遥連海，潮來不度關。一丸封八郡，疊嶂控諸蠻。帆影斜陽外，鐘聲暮靄間。憑高欣晚霽，蒼翠雪峰山。

得家書有感

遠信今年到，開緘倍愴神。家貧兒廢學，官罷我依人。自恨謀生拙，誰憐作客頻。故園歸去好，垂釣皖江濱。

感病寄江秀川

銅鼓分攜水各流，幾回北望動離愁。孤雲南詔三年客，落葉西風萬里秋。長擬尺書無雁到，偶搜敝簏有詩留。蒼茫雲樹人何處，暮雨蕭蕭獨倚樓。

石綸一首

石綸 字彥昭，號西堂，雍正間貢生，官福山知縣，有西堂遺詩。

郊行

出郭遠囂塵，烟光觸眼新。鳥啼山店雨，花落野橋春。社鼓喧村落，遊車聚水濱。東風吹短鬢，寂寞感芳辰。

石文成二十四首

石文成 字聞琢，號曉堂，乾隆間由考職歷官湖南寶慶通判，有曉堂詩集。陳浩序集曰：『曉堂昔在余西吴幕中，暇時每以詩酒自娱。及後一官小試，佐邑長沙，不獨放衙清暇，以詩自遣，而凡攝篆之邦，于役之地，道里山川、景物風俗，莫不有吟詠以紀之。其詞温柔敦厚，中心泊如。蓋閱歷有得，而詩律之細更與年俱進也。』饒學曙序曰：『余向讀聞琢之詩，抒寫性真，天趣洋溢，如笋出土，如鳥應聲，如名花異卉粲然於竹籬茅舍間，不掩其天質之異也。其後十餘年，聞琢以瑰瑋之才佐治長沙，遍遊星沙、嶽麓諸名勝，沅芷澧蘭，爲昔之騷人詞客所留連歌嘯不能已已者。聞琢乃寄景而興，緣情而達，宜其詩之沛然日進，追配古作者無疑也。』李調元雨村詩話：『曉堂有詩名，好閉門静坐，不交俗客。詩多警句，其枕上及遣與詩，皆見瀟灑自得之意。』袁枚隨園詩話：『曉堂詩多佳句。五言如「角聲沉暮雨，雁影起寒沙」；「水喧村碓急，雲墮寺門低」。七言如「沙邊水退猶存迹，烟際帆遥似不行」；「窺魚淺渚翹雙鷺，待渡斜陽立一僧」；「僮嫌解槖尋詩稿，客已登舟算水程」，皆能入妙。』張維屏國朝詩人徵略：『石曉堂有句云：「宦久真成强弩末，歸遲空望大刀頭。」英夢堂、裘叔度見之，以爲是放翁句。』

送劉五鳳歸鳳臺　三首之一

有鳥名丹鳳，爰集梧桐枝。羽毛成五采，飛若朝霞披。託跡榆枋間，燕雀相追隨。臨流理毛羽，顧影以自悲。奮翮還丹穴，清音叶咸池。棲棲舊儔侶，枳棘安其卑。矯首千仞岡，何當復來儀。

漢上訪吴鶴關先生不遇

翩翩鶴髪翁，矯舉漢之陽。與君别九年，風雨遥相望。眷言遵漢渚，幅巾登君堂。蟬聲噪薄暮，草根吟寒蛩。未得展清輝，何以抒中腸。抱此殷勤懷，片帆逐風翔。湯湯江漢流，我心與之長。來會竟何日？惻惻情自傷。

留別樅江親友

我家舊親串，多在樅川間。自我出門久，終歲望我還。片帆收江渚，各各開歡顏。知我遠行役，歎我鬢毛斑。攜手復分手，卮酒何能歡？情摯寓微詞，素琴爲我彈。四座寂無言，羈人獨辛酸。回首憶當年，往復摧心肝。

登祝融峰

岷峩山勢趨炎方，靈氣鬱勃萬仞岡。紫蓋孤擎背峰立，天柱拱揖山之陽。芙蓉石廩各羅列，森森環峙於四旁。其餘衆峰紛擁衛，或起或伏相低昂。九千七百三十丈，巍然端拱天中央。盛朝典禮崇祀秩，三公配位生民康。殿陛巍峩森杉櫟，豐碑列代輝宸章。老僧翼我古藤杖，扳蘿度險如康莊。下嶺上嶺嶺重疊，出雲入雲雲蒼茫。絶頂風高宿霧散，登巔俯眺波望洋。洞庭三萬六千頃，冥濛一氣空青蒼。左右衡湘辨郡邑，烟中九嶷争齊驤。疾雷鬭山銀河坼，寒濤百折奔石梁。須臾白雲布萬壑，琉璃片片成飛霜。半山昏黑下方雨，上方杲日晞晴光。人生婚嫁苦羈束，五嶽有願何年償。留連薄暮下山去，雲蒸松氣濡衣香。

舟中雜詠　四首之一

莫恃客裝輕，天寒趁伴行。神鴉飛接飯，旅雁夜巡更。水落沙無際，風生舵有聲。自成來往熟，豎子亦知名。

春　晝

春晝閒無事，流光付酒杯。好書看易竟，遠信望難來。采藥和雲擣，移花帶雨栽。喜無車馬過，階下長青苔。

堤　上

堤成經歲隔，小艇稱幽棲。久住知鷗性，閒行信馬蹄。杏花春店酒，楊柳午時雞。爲羨田家樂，流連日漸西。

銅官寺

一徑引千峰，人來翠靄中。空巖晴滴雨，喬木夜多風。齋板驚松鼠，苔碑穴草蟲。欲將興廢意，就榻問支公。

影珠寺

好山皆佛界，寂境絶人群。峰瘦攢青笋，溪寒流白雲。栽松招鶴住，種菓與猿分。何代留殘碣？苔深掩籀文。

病愈枕上作

支枕數殘更，燈昏未肯明。年衰交態見，病久道心生。寒夜雞無準，高秋樹有聲。萬緣今已斷，難斷是鄉情。

辰溪縣訪李明府

城郭全臨水，人家半在山。放衙丹嶂外，判牘白雲間。嶺樹桑麻少，蹊田稼穡艱。藏書大小酉，絶磴可能攀。

寓清水閘寺

叢菊花開香滿園，坐依古佛静無喧。只從城市離三里，便覺林巒自一村。小吏偷閒呼不至，老僧入定坐無言。椶鞋正好尋秋處，車馬無煩到寺門。

送慶許舅氏赴粤幕　二首之一

更從湘浦去牂牁，骨肉天涯奈别何。鴻雁傳書邊地少，鷓鴣啼雨亂山多。馬銜嶺霧宵投驛，人語蠻烟曉渡河。把酒離亭共惆悵，蕭蕭木落洞庭波。

出都留别諸同人　四首之一

淼淼滄波萬里賒，往來何似泛星槎。買田陽羡宵宵夢，作客并州處處家。江水青山隨日遠，鬢邊白雪逐年加。湘蘭沅芷情相洽，辜負秋風兩度花。

恭祀舜陵

蒼梧何處覓遺弓？百折千盤見寢宫。天地無情悲二女，江山有恨葬重瞳。嶂開光滿彤墀月，殿敞香飄寶鼎風。小吏靈壇承祀典，蠻歌想見格苗功。承祀時，例用苗婦歌舞。

遣興　雨村詩話録

荒村官舍似柴荆，生事蕭然萬慮輕。藜藿貧來嘗有味，笙歌老至聽無情。苦吟自得閒中樂，薄宦難言身後名。種竹窗前看亦好，却嫌風雨引秋聲。

夜雨

遠岫露微曛，前山又出雲。瀟湘多夜雨，客枕最先聞。

馬上雜詠　十八首之二

馬上林巒得飽看，一肩襆被裹新寒。行人却喜山程好，零雨纔晴路便乾。

遶城流水漾如藍，紅有霜楓黄有柑。著色秋光誰畫得？人生何必住江南。

偶　作

竹風荷氣暗吹香，緑樹成帷幛夕陽。落盡槐花僮不掃，青蟲無數墜絲長。

月夜過高郵

潮平三十六陂秋，渺渺孤城水上浮。楓葉蘆花紛兩岸，卧看明月過高郵。

辰州竹枝詞　四首之二

麻陽艇子形如梭，二人能載三人多。天晴篷底看山色，細雨斜風客奈何。

伏波祠外浪如山，大船小船前後灣。大小船皆過清浪，滿船歌唱賽神還。

饒有夢得風趣。

回衡陽署途中雜詠　六首之一

川回舵轉見人家，拍拍沙鷗入荻花。流水小橋帆落處，半江紅樹夕陽斜。

曹學賜三首

曹學賜　字達虛，明末歲貢生，有屺岵園稿。

浮　山

峭壁疑無路，盤旋到此中。畫圖難得似，天地自然工。樹隱飛泉白，山迎返照紅。如何幽静處，盡屬梵王宫？

鰣魚

家在江南春水邊，楊花落後此魚鮮。白於笠澤銀鱗鱠，肥比襄陽縮項鯿。梅雨市來風味別，荻芽蒸去色香全。臨餐忽墮傷心淚，不薦園陵已十年。

晚泊西梁山

風滿輕帆葦滿汀，寒鴉孤立影亭亭。半規返照山銜紫，一派遥天水湧青。賈舶漸從江口集，漁歌争向酒家停。渡南渡北人多少，誰道舟中有客星。

七言摘句：早行：『青山愛客當關立，白霧欺人擁樹來。』還家：『細雨頻添溪水急，流雲漸補亂山齊。』浮山：『于中老我夫何恨？此外看山總不奇。』

曹學冉一首

曹學冉 字欽還，明萬曆辛卯舉人。

贈别司李王公

故山此别經千里，宦海相逢知幾年？两地好花須共發，一天明月憶同圓。南樓雁過非無字，東壁星羅應有賢。披豁豈愁雲樹遠，先將客夢到關前。

曹列二首

曹列 字鹿樓，雍正間貢生，官常州訓導。

協八音起韻

金紫由來不罣懷，石田茅屋自天開。絲綸釣月江頭住，竹杖挑雲嶺上來。匏實曉收栽藥圃，土花春長讀書臺。草除人世浮名利，本筆題詩酒數杯。

種竹

綠竹新栽傍女墻，應須珍重比琳琅。主人亦有鷹揚志，便欲持竿釣渭陽。

曹式一首

曹式 字□□，號鹿溪，嘉慶癸酉賜副榜貢生。

七十初度

荏苒流光七十秋，雪花争上老人頭。屠牛有願終歸肆，射雉無心枉發緼。眼底蟪蛄時易道，夢中蕉鹿幻難求。熙朝徵召蒲輪軟，雨露春應遍九州。

曹夢華一首

曹夢華 字鹿樵，嘉慶時諸生。

客夜

旅館夜難寐，閒雲鎖綺櫳。琴書千里外，霜月五更中。衾冷芭蕉雨，蟲吟薜荔風。故園新入夢，驚破恨歸鴻。

曹灼二首

曹灼 字岑南，［嘉慶］時布衣。

春日淩霄閣賞茶花

誰把滇南種，移來次第栽。一亭新雨霽，萬萼倚窗開。色奪仙霞頂，光侵琥珀杯。高軒堪久坐，相賞欲忘回。

春雲

輕雲靉靆碧空把，暗罨陂塘緑水波。勢若爲霖未成雨，却嫌遮去好山多。

曹于禮一首

曹于禮 字立群，號誰園，嘉慶間太學生，有謙益堂詩鈔。

秋晚

殘照隱簾鈎，西風滿畫樓。山隨雲影活，月共水波流。菊色淡彌永，琴聲清更幽。甕頭新釀熟，底事賦悲秋。

曹孔熾二首

曹孔熾 字仁瑞，號午勳，嘉、道間諸生，有煉雪山房詩鈔。

夜坐

秋聲空外落，露氣暗中深。殘月隱松樹，疏烟横竹林。獨依三徑夜，遥動百年心。久坐不知倦，臨風調素琴。

閨怨

一夜春風滿畫樓，海天迢遞暮雲收。無情最是長江水，不載歸舟載去舟。

卷三十五

方聞 蘇惇元
吴元甲 馬起益 同校

孫頤四首

孫頤 字儀之，號艾庵，崇禎間歲貢生，仙居知縣。潘木崖曰：『公撫兩弟司馬晉、監軍臨，以兄兼師，及後取節成仁，皆所素誨也。居喪廬墓於三台之麓。國變後，有欲薦剡者辭之。作詩有「今時未敢一干澤，前代曾經三授官」之句。乙亥，寇躪桐，毁家，佐楊令君爾銘，竭力捍禦。卒年七十三，門人私謚「孝惠先生」。』

泊樅川飲家叔維北宅 時念三弟殉難閩中。

相對蒲觴歲月侵，故園簫鼓動湖陰。亂離尚喜家猶在，情話偏多酒可〔一〕斟。憶弟空悲中散調，當時誰識汨羅心？忠魂聞説依空〔二〕谷，在閩之建陽。回首滄桑淚滿襟。

校記：〔一〕『可』，龍眠風雅作『倍』。〔二〕『空』，龍眠風雅作『雲』。

聞秦中失守

秦關幕府已蒙茸，百二全輸寇作墉。多少材官誇鉅鹿，誰將函谷一丸封？

江干別友

長劍西征[一]學壯遊，相看今夕敝貂裘。春風似亦[二]傷離別，江上明朝是石尤。

校記：〔一〕「征」，龍眠風雅作「歸」。〔二〕「似亦」，龍眠風雅作「亦似」。

途中薄暮

芳樹深枝近暮寒，歸途今日是邯鄲。平沙四望無烟火，始信孤村一飽難。

孫　晉十七首

孫　晉　字明卿，號魯山，天啟乙丑進士，官至宣大總督，有黃山諸遊草。潘蜀藻曰：『公由將樂令擢給諫，請謚楊忠節。轉大理卿，特疏出劉宗周、金光辰於獄。督宣大，以募兵餉，憂瘵成疾，免歸。順治初有以人材薦者，辭不出。所爲詩有黃山、廬山、漕溪、楚中諸遊草。』郡志：『官工科，首覈權相，疏九上。又議山陵、河漕、防戍、枚卜等疏，一時推爲敢言。著有冬垣諫草。』明史張鳳翼傳：『賊燬鳳陽陵，犯江北，給事中桐城孫晉以鄉里爲憂，鳳翼曰：「公南人，何憂賊？賊起西北，不食稻米，馬不飼江南草。」聞者笑之。』龍眠古文惜人材疏曰：『若惟知以督責神鼓舞之權，曾不欲以愛惜爲培養之計，則始終安能逆睹旦夕皆難自必。』此公官給諫時疏。又史忠正集有復孫魯山書，公蓋嘗權將樂令也。

黃山浴湯泉

遊事歷深秋，高天白日速。策杖入寒林，息駕山之麓。仰睇壁間詩，苔封不可〔一〕讀。蘿月浸空階，松濤響幽谷。問徑晚烟迷，欲效步兵哭。沙門前致辭，且就招提宿。何以永今宵，攜來酒一斛。連牀無俗賓[二]，夢醒風敲竹。鳥鳴曙色開，趣就温泉沐。丹砂蓄此間，山靈有深祝。欲覲軒黄顔，先洗塵埃目。爲解芰荷裳，波光淡盈掬。炎涼一水分，坐久媚幽獨。强起誓再遊，築室從此卜。

校記：[一]『可』，龍眠風雅作『堪』。[二]『賓』，龍眠風雅作『人』。

宿文殊院觀海

黄山志

白霧霏霏雨不歇，青山忽銜半邊月。翠壁苔蘚繡虎文，千巖萬壑鋪溟渤。我欲跨海無長虹，遥看彼岸薄窮髪。日脚垂垂映彩霞，島嶼微茫出還没。夜半重登立雪臺，芙蓉的歷九天開。寒光五色盪精魄，髣髴仙人騎鶴來。須臾萬里吹長風，松濤石上起蟠龍。山中輕雷聲隱隱，簾端細露水溶溶。山前山後水[一]平分，令人應接不辭勤。欲借玉女雙刀剪，掠取長空一片雲。海外青螺數點浮，琉璃萬頃望中收[二]。飛仙蓬島真奇侣，此際誰能紀勝遊？

黄山雲海多於夏秋間，雨後及風作時見之。余登是山，夜間大風，曉起則見白雲平鋪，瀰漫山谷，與公詩所云蓋相同矣。

校記：[一]『水』，龍眠風雅作『海』。[二]『琉璃』句，龍眠風雅作『萬頃琉璃一睫收』。末四句，龍眠風雅作『淡妝濃抹都難似，此際誰能紀勝遊？ 一回一叫眠不得，恍惚遊仙看曙色』。

宿南陽

緑樹晚烟微，南陽今是非。山隨河勢轉，月帶雁行飛。忽憶三年事，真成一夢歸。今宵應盡醉，買得鱖魚肥。

再宿南陽

二月水漫漫，無端春色闌。深杯嫌夜短，久客怯衣單。未見干戈滿，誰知道路難。憂時多少淚，不敢向人彈。

哀江南

不見烽烟靖〔一〕，徒言憶漢京。雲深春草没，雁去斗杓横。鐘鼓沉長樂，旌旗滿石城。何堪風雨夜，陵樹起邊聲。

校記：〔一〕「靖」，龍眠風雅作「凈」。

姜端公幽居〔一〕

十載事何如，故人今索居。鴒原三嘆後，雁陣五更初。山水圍花塢，雲霞擁素書。亂離如聚首，不敢負鱸魚。

校記：〔一〕龍眠風雅詩題作伯氏初會語及姜端公幽居絶勝兼出所附書却寄。

送萬別駕之閩

落日嘆離群，孤鴻帶雪聞。江沙連越岸，嶺樹入甌雲。二水分官道，三山擁使君。有才如鮑照，豈合老參軍？

陽湖還舟

仁王峰下水，清淺石磷磷。天暝雲歸岫，山寒鳥近人。潮來先得月，花發不需春。何處堪逃世？相逢問子真。

四句奇確。

春懷 三首之二

春風無計霽天顏，社稷殷憂淚獨潸。西北烽烟猶近塞，東南虎豹已當關。修文不輟三冬講，閲武頻臨萬歲山。草野何知思獻策〔一〕？長沙應〔二〕召賈生還。

帘遠孤軍憂斷海，西秦巨寇欲馮〔三〕河。神州僅恃三關險，故輔空張十面羅。是處青山埋戰骨，幾人緑水聽漁歌。天涯戎馬三年客，獨解征衫種芰荷。

校記：〔一〕『思獻策』，龍眠風雅作『欲獻頌』。〔二〕『應』，龍眠風雅作『先』。〔三〕『馮』，龍眠風雅作『憑』。

出居庸關

驅車直上古輪臺，五月風清霽色開。山後黄毛争北徙，關前紫氣自東來。短衣倚馬斜看劍，長笛催人數舉杯。生入玉門應有日，自憐不是棄繻〔一〕才。

風格蒼健，信陽北地之間。

校記：〔一〕『繻』，龍眠風雅作『繻』。

懷何元子

李勉西來壯帝居，霍家盛氣爲君鋤。比肩七貴無私語，正色三朝數上書。嶺外白雲堪自悦，窗前紅樹未應疏。萍蹤他日能相訪，天寶山中共〔一〕結廬。

校記：〔一〕『共』，龍眠風雅作『好』。

黄鶴樓看月〔一〕　三首之一

江漢滔滔二水回，萬家烟樹擁樓臺。一從鐵笛乘風去，不見仙人跨鶴來。浩淼千年淹日月，清虚〔二〕半夜絶塵埃。堤邊秋草依然緑，舊苑空存麋鹿哀。

校記：〔一〕龍眠風雅詩題前有「宿」字。〔二〕「清虚」，龍眠風雅作「虚無」。

湖　泊

曾向瀟湘看畫圖，等閒得泛洞庭無。江湖客祀柳公子，荆楚人哀〔一〕屈大夫。疏雨淡雲瀰澤國，殘花落葉滿征途。連宵野泊都難寐，危坐頻聞雁鶩呼。

校記：〔一〕「哀」，龍眠風雅作「思」。

三、四警特。

僧舍詠懷 二首之一

獨坐危樓樹影斜，伊人咫尺碧雲遮。晚鐘齊送千聲梵，皓魄平鋪五色霞。宿鳥高飛群似雁，野藤秋老葉如花。來朝擬就成都卜，始信今隨八月槎。

冰　草

飢驅無路泣麋豭，大地芸芸盡吐芽。瑤草滿山拾不得，欲將何物煮烟霞？

水簾洞

簾外微曛影不流，陽光何日似三秋？星摇澗底金千點，月挂林端玉一鉤。

孫臨二十八首

孫臨 字克咸，號武公，貢生，唐王時監楊文驄軍，殉難閩中，有肄雅堂集。明詩綜系傳：『字克咸，桐城貢生，著有楚水吟、我悝集、肄雅堂集、大略齋稿。』明史楊文驄傳：『大兵破南京，唐王立於福州。楊文驄時在處州，奉表稱賀。王令督軍務，圖復南京，衢州告急，王令文驄與劉孔昭共援衢。大兵至，文驄不能禦，退至浦城，爲追騎所獲，與監紀孫臨俱不降，被戮。臨字武公，兵部侍郎晉之弟，文驄招入幕，奏爲職方主事，竟與同死。』通鑒輯覽：『楊文驄在處州，唐王聿鍵以在鎮江時與之有舊，拜兵部侍郎，因與劉孔昭援衢，爲大兵所執，與監紀孫臨俱不降，戮死。』欽定勝朝殉節諸臣録：『通謚節愍諸臣，監軍道副使孫臨，桐城人，以監軍不屈死。』錢田間集孫武公傳：『武公，魯岳方中丞之婿，爲人風流俊爽，曉聲律，習騎射，嫺技擊。會中丞撫楚，屢與賊戰。武公常雜騎士中，躍馬深入，時於馬上賦詩爲樂。避寇白下，嘗大雪，挾所暱妓，騎而遊鍾山。每感慨時事，輒悲歌泣下。南渡立國，武公避地雲間，與陳卧子、徐復庵謀舉兵，不果，後往依其兄於台州。會蘇撫楊文驄募兵龍泉，以書招君，遂奏授副使，監其軍事。丙戌七月，大兵取閩，與文驄行至浦城，追及之，遂俱死。』王士禎肄雅堂集序：『先生少讀書，任俠，與里中方密之、爾止、周農父、錢飲光齊名，所爲詩歌、古文詞，流傳大江南北。寇亂至金陵，與陳、夏諸公講兵家言，嘗製木牛流馬，平地能自旋轉。大樽贈詩曰：「孫郎磊落天下才，龍文手握雙玫瑰。自言三卷授黄石，談兵説劍如風雷。」著其事也。後以監楊龍友軍事，卒慷慨與楊俱死。今其孫元衡宰吾邑，出先生遺詩，讀之，大抵和平怡愉之意寡，而憂幽憤痛之言多。其在楚騷則國殤、哀郢之遺，時實爲之也。』璥按：安其先生刊公詩示弟云：『友争死義臣死忠，屈指盛年三十六。』又云：『漁洋山人善采詩，長白山人篤好之。』蓋公殉節年未四十，而詩之見稱於名流如此。

相逢行

霸陵初相逢，兩馬俱乘良。何來一年少，踟躕田野傍。夾轂聊相問，君家在何方？鄠杜君所居〔一〕，出門通羊腸。黄金飾門楣，赤璘羅垣牆。庭前列丹〔二〕桂，宅邊環青桑。挾我開西閣，揖我登高堂。弧矢懸户外，寶劍繫雕梁。内廄有神〔三〕駒，其名爲驌驦。陸離紛鞍勒，常驂禁中驤。廣筵出豐膳，烹牛宰肥羊。窮珍盡〔四〕水陸，金盤薦鯉魴。秦〔五〕歌雜楚舞，佐酒燕趙倡〔六〕。大夫坐東席，侍中坐西廂。執戟居其中，羽林盡行觴。衆賓咸恣樂，所悲夜不長。

饒有漢人歌行遺意。

校記：〔一〕「君所居」，龍眠風雅作「是君家」。〔二〕「丹」，龍眠風雅作「雙」。〔三〕「神」，龍眠風雅作「名」。〔四〕「盡」，龍眠風雅作「極」。〔五〕「秦」，龍眠風雅作「楚」。〔六〕「倡」，龍眠風雅作「娼」。

録別　五首之一

皎皎中天〔一〕月，餘光照高樓。誰人起長嘆，獨坐彈箜篌。哀音入雲漢，淚下如泉流。切切陰風暮，天寒無重裘。江湖深且迴，欲濟無方舟。異鄉亦何樂？不若歸故丘。君即不察識〔二〕，妾心良悠悠。

校記：〔一〕「中天」，龍眠風雅作「有明」。〔二〕「察識」，龍眠風雅作「識察」。

過宋子建明月軒

彌棹霜如雪，出舫視華星。寒風飄衣帶，素帨染緇塵。岸草既萎絶，長流履層冰。欲問此何時，來者與我親。稚〔一〕雀充淮海，我復阻雲津。耿耿天津曙，蒼蒼霜水清。中洲攬留荑，將以問幽人。幽人卧東皋，喬木俯空庭。剪棘開新圃，采藻葺荒亭。珪璧契文府，湖海覽英靈。情〔二〕好不相違，皎月照冬青。風來月高出，開户得良朋。

校記：〔一〕『稚』，龍眠風雅作『雉』。〔二〕『情』，龍眠風雅作『朋』。

古別離

朝發葱河道，暮至桑乾源。征途日以遠〔一〕，百里無人喧。憶昨祖相送〔二〕，連鑣出東門。白衣爲哭泣，哽噎不能言。須臾整夙〔三〕駕，且復進盤餐〔四〕。妻子爲長別，斷絶鴦與鴛。生當復言歸，死當善招魂。壯士不顧返，策馬雙佩〔五〕鞬。戍幟亦星羅，邊騎如雲屯。冰雪傷肌骨，草木冬不繁。縱有來歸〔六〕時，故人不復存。

校記：〔一〕『征途』句，龍眠風雅作『親戚自此遠』。〔二〕『憶昨』句，龍眠風雅作『前日置尊酒』。〔三〕『夙』，龍眠風雅作『肅』。〔四〕『餐』，龍眠風雅作『飧』。〔五〕『雙佩』，龍眠風雅作『佩雙』。〔六〕『來歸』，龍眠風雅作『歸來』。

白紵舞歌詞

柏寢桂宮蘭杜香，象筵玉柱朱絲長。犀渠匼匝組幃障〔一〕，文茵朱爵列高堂。炮鱉膾鯉錦席張，明燭蘭膏皎夜光。蒲萄鬱鬱起瑤觴，凝華結藻鼓笙簧。趙瑟秦箏嬌畫梁，紈扇佳人飄舞裳。清謳繚繞素雲揚，嫋嫋鸞歌雜鳳凰。颯沓羅袿珥明璫〔二〕，停歌罷舞入椒房〔三〕。明星參差霑露涼，團團曉日〔四〕東邊黄。

校記：〔一〕「匼」，龍眠風雅作「鈴」；「障」作「張」。〔二〕「珥明璫」，龍眠風雅作「過長廊」。〔三〕「停歌」句，龍眠風雅作「首餙琅玕金懸鐺」，句下有「含商咀羽斷君腸，舞罷龍轉入椒房」。〔四〕「曉日」，龍眠風雅作「鵜子」。

兵車行

十步之卒不當一馬，十馬之力不當一車之馳下。古者名將皆〔一〕知兵，縱横馬步在兼行。更以堅車禦矢石，走即破敵住〔二〕爲營。郊原用馬易奔逐，峻嶺用步易設伏。摧鋒陷陣偏厢車，施之要在地平陸〔三〕。奴子〔四〕昨日來北關，道賊休夏在英山。輕車不可得方軌，一步單〔五〕騎難躋攀。金鼓旗幟賊有備〔六〕，兵一搜山即失利。火照山前中貴營，夜半呼聲動天地。兵擊其西賊又東，我欲及時發火攻。所以淮陰陣背水，使知進士退則死。如今且守轅門不必前，有時賊退奏凱旋。

步騎車船之制勝在因其地、得其人。岳武穆所謂『運用之妙，存乎一心』耳。公之知兵，即此一詩可見。

校記：〔一〕『皆』，龍眠風雅作『多』。〔二〕『住』，龍眠風雅作『立』。〔三〕『要』，龍眠風雅作『亦』；『地』作『觀』。〔四〕『奴子』，龍眠風雅作『老奴』。〔五〕『單』，龍眠風雅作『獨』。〔六〕『金鼓』句上，龍眠風雅有『哀哉』。

章臺柳

雙鳧飛渡青荷渚，緑柳〔一〕朝烟迷白苧。離妝初罷畫〔二〕樓西，杜鵑花落思〔三〕何許。多情〔四〕鶯燕促芳菲，鐵網珊瑚枝節稀。春蠶午夜吐成箔，停梭莫織合歡衣。衣裳顛倒簾鈎影，玉虎牽思〔五〕汲金井。麝熏錦帳送輕風，彩鳳翼垂霜露冷。露冷青〔六〕裙素襪低，憶昨〔七〕兀坐章臺西。郎控雕鞍珠勒馬，青青楊柳一聲嘶。嘶馬停〔八〕鞭繫高柳，值儂理鬢當窗牖。鬔鎖金蟾沉水香〔九〕，却送香風郎馬首。馬認章臺路不岐，短牆曲曲柳如絲。孔雀屏開舒半臂，挽郎騄駬願歸〔十〕遲。歸去烽高魚〔十一〕雁絶，始悔垂楊輕送別。青陵枯樹怨棲鸞〔十二〕，夜半箜篌臺上咽。臺上玉輪衰草黄，楚佩誰嬌紫鳳凰？柳梢霜重條條白，不似秋閨翠帶長。帶長衣薄愁堪擣，樹影婆娑人自老。孤鴻滯絶海天雲〔十三〕，嫁得東風難共〔十四〕保。儂身許嫁〔十五〕韓王孫，豈隨花月滯侯〔十六〕門。夜照明蟾〔十七〕妝不飾，爲誰憔悴向黄昏？黄昏星没看河漢，户列旌旗人未散。一鞭寶馬〔十八〕疾如風，依舊韓郎青玉案。

跗萼相銜，聲情婉轉，初唐王、駱之遺。

校記：〔一〕「柳」，龍眠風雅作「燕」。〔二〕「畫」，龍眠風雅作「翠」。〔三〕「思」，龍眠風雅作「奈」。〔四〕「多情」，龍眠風雅作「許多」。〔五〕「思」，龍眠風雅作「絲」。〔六〕「青」，龍眠風雅作「畫」。〔七〕「昨」，龍眠風雅作「昔」。〔八〕「馬停」，龍眠風雅作「定投」。〔九〕「沉水香」，龍眠風雅作「燒石葉」。〔十〕「願歸」，龍眠風雅作「歸去」。〔十一〕「魚」，龍眠風雅作「鱗」。〔十二〕「青陵」，龍眠風雅作「夕陽」；「怨」作「失」。〔十三〕「滯絶」，龍眠風雅作「叫殘」；「天」作「上」。〔十四〕「難共」，龍眠風雅作「願不」。〔十五〕「儂身許嫁」，龍眠風雅作「保儂身許」。〔十六〕「侯」，龍眠風雅作「朱」。〔十七〕「照明蟾」，龍眠風雅作「助飛蟬」。〔十八〕「一鞭寶馬」，龍眠風雅作「寶馬一鞭」。

吴江舟中懷方大密之

落木臨荒渡，愁人不忍看。江湖雙雁迴，風雨一燈寒。越鳥飛鄉夢，吴帆帶日殘。長橋秋色好，遥隔海雲端。

金陵感懷　五首之一

羅織從來巧，還疑廷尉平。車茵汙重獄〔一〕，革履曳新聲。但得蒼鷹吏，深嫌白馬生？檻中常有劍，只自作悲鳴。

校記：〔一〕『獄』，龍眠風雅作『罪』。

焦山暮遊

旅櫂〔一〕聲悲切，登高多遠情。風横〔二〕揚子樹，月上〔三〕吕公城。帆近〔四〕流雲斷，江平寒水清。草廬今已没，何處吊焦生。

校記：〔一〕「旅櫂」，龍眠風雅作「孤櫂」。〔二〕「横」，龍眠風雅作「吹」。〔三〕「上」，龍眠風雅作「照」。〔四〕「近」，龍眠風雅作「落」。

懷吴子遠

昔慕〔一〕延陵子，朝遷淮水旁。父書傳太史，家集比中郎。封墓當雞毁，憂時發鼠痒。立朝者誰〔二〕薦？一鶚已〔三〕翱翔。

校記：〔一〕「慕」，龍眠風雅作「作」。〔二〕「者誰」，龍眠風雅作「誰者」。〔三〕「已」，龍眠風雅作「憶」。

同陸驤武信宿蘧然妙香禪院

更餘禽定後，冷月淡楓林。曲彔牀邊夢，優曇樹下心。疏檽佛火露，破衲野風深。霜到衣裳溼，猶聞鐘磬音。

懷方密之

莫憚舟車意，年年作遠遊。一時爭六角，千里慕雙鉤。奇計尋公瑾，危言問仲謀。憐君成七解，天下不知愁。

同張五敘宿燕子磯

野步青莎返照陰，振衣孤嶼且高吟。沙洲客醉燒魚肆，山刹僧多煮鶴心。日夜長江流不盡，風霜古樹老還深。到來始信秋聲苦，共爾通宵冷布衾。

贈周勒卣

知君湖海一扁舟，好挾青萍賦遠遊。玄草十年沉桂閣，白沙三日望椒丘。桓伊江上風傳笛，孫楚洲前月滿樓。慷慨相逢同擊筑，談經何以得封侯？

吴鑑在自閩來浙相遇湖上〔一〕

扁〔二〕舟多載武夷雲，南北寒暄阻雁群。老僕不憐蕭穎士，廢〔三〕詩亦瘦沈休文。予方病起。荔枝一熟思飛騎，蒓菜初肥憶使君。珮解清一風江上苦，夜闌斜倚麝香裙。

校記：〔一〕「上」後，龍眠風雅有「各道旅況」。〔二〕「扁」，龍眠風雅作「方」。〔三〕「廢」，龍眠風雅作「無」。

渡淮

北風慘淡滿離觴，湛湛愁心春水長。二月繁霜迷古渡，五更清〔一〕露冷征裳。村回野岸荒烟白〔二〕，地極〔三〕平原草色黄。嘹唳不知天外雁，嗷嗷何事獨南翔？

校記：〔一〕「清」，龍眠風雅作「白」。〔二〕「村回」，龍眠風雅作「千村」；「白」作「斷」。〔三〕「地極」，龍眠風雅作「一望」。

吊長安　五首之二

繡鵾難登記里車，一時宫怨撥琵琶。丹鉛盡掩雞人淚，縞素先簪牛女花。竹染蒼梧新護塚，旗翻青海泣歸家。可憐苜蓿秋風際〔一〕，不見聲嘶千里騧。碧殿深深杜宇啼，六宫花草曉離披〔二〕。紫雲終不移芒碭，白璧何人授滈池？龍種却從江介化，雞竿莫緩〔三〕日中期。甬東築室吴爲沼，多使良金鑄范蠡。

南渡立國，即有范蠡之臣，而卧薪嘗膽，豈堪責之於荒淫之主耶！

校記：〔一〕『際』，龍眠風雅作『里』。〔二〕『離披』，龍眠風雅作『雲衰』。〔三〕『緩』，龍眠風雅作『赦』。

靈隱寺

古寺微霜款木奴，蘿封石塔老山隅。乘風招鶴湖邊放，帶月尋〔一〕猿洞口呼。鳥定樹間驚佛磬，泉從竹裏下僧厨。客兒亭畔深深草，野衲懷人夢有無。

校記：〔一〕『尋』，龍眠風雅作『馴』。

舟中與驤武夜話

欲倚秋深戰檻凭，時危安得老漁罾？村雞失曙猶堪舞，泥馬臨江未可乘。仲友何時來作將，賓王尚喜不爲僧。莫將萍梗浮流水，且復深談續夜燈。

建業寄陳卧子

寂寞樓船江水頭，蕭疏古樹動離愁。鳴琴最怨三山夜，擊筑空歌九月秋。南雁不來懷錦字，西風吹入滿清樓。幃中歎息書多少，歲月〔一〕樽前醉蒯緱。

抒情既深，發調亦亮。擬迹黄門，殆堪接翼。

校記：〔一〕『歲月』，龍眠風雅作『日日』。

東甌曉發 明詩綜選

際曉連檣挂席同，不煩邪許喚篙工〔一〕。沙頭宿鳥飛逾白〔二〕，霧裹寒燈颭不〔三〕紅。半嶺霞殘茅店雨〔四〕，一江潮響石門風。閒雲片片藏孤峽，不鎖寒流日〔五〕向東。

校記：〔一〕「際曉」二句，龍眠風雅作「閣對平帆夜雨中，人從天外盼歸鴻」。〔二〕「沙頭」句，龍眠風雅作「沙頭烟樹摇新緑」。〔三〕「寒燈颭不」，龍眠風雅作「村燈淡遠」。〔四〕「半嶺」句，龍眠風雅作「兩岸榔鳴茅店火」。〔五〕「日」，龍眠風雅作「流」。

西湖贈沈君牧

青青楊柳六橋隅，獨羡門臨西子湖。山畔野花招楚客，舟中白紵唱吴趨。火明深夜書三架，月照寒窗畫一厨。欲趁秋溪歸短棹，逢君爲問北風圖。

拜岳墓

百萬南人帶血戈，朱仙一擊戰功多。蒙恬舉眾能除趙，宗澤知君喚〔一〕渡河。自有繡旗歸太尉，却將金節走休哥。不還二帝身常〔二〕恨，猶〔三〕駕陰風逐白波。

一腔血淚，遇題而發，弔岳即以哀時也。

校記：〔一〕『喚』，龍眠風雅作『續』。〔二〕『常』，龍眠風雅作『猶』。〔三〕『猶』，龍眠風雅作『嘗』。

淮上遇許霞城〔一〕

十歲湖邊夢，無繇生羽翰。薄春三月米，時煮一人餐。劍拔東門外，船歸野月湍〔二〕。孤琴聊自適，短鋏不能彈。身病羸非渴，天秋氣〔三〕作寒。家遷脱虎口，客久累〔四〕猪肝。幸對高山色，相逢曲檻寬。舊交留杵臼，新士賴衣冠。護得生庭〔五〕草，鋤將當户蘭。驊騮隨步穩，翡翠落巢安。霜冷青綾被，聲銷〔六〕碧玉鑾。蘆花凝〔七〕鬢白，楓葉照心丹。北海樽猶在，西風〔八〕塵未殘。狂泉知飲滿〔九〕，惡木息陰難。瑣闥觀封事，琮璜上釣竿。星瞻南斗近，雲樹發清歡。

校記：〔一〕龍眠風雅詩題作湖上遇許霞城先生。〔二〕「湍」，龍眠風雅作「瑞」。〔三〕「秋氣」，龍眠風雅作「風秋」。〔四〕「累」，龍眠風雅作「辨」。〔五〕「生庭」，龍眠風雅作「堯廷」。〔六〕「銷」，龍眠風雅作「無」。〔七〕「凝」，龍眠風雅作「疑」。〔八〕「西風」，龍眠風雅作「元規」。〔九〕「滿」，龍眠風雅作「足」。

栝蒼夜思〔一〕　明詩綜選

春山花盡月初升，水上南雲夜氣〔二〕澄。客〔三〕夢不離桃葉渡，郎歸已是白頭僧。

校記：〔一〕龍眠風雅詩題作從括蒼河夜抵東甌二首。〔二〕「氣」，龍眠風雅作「獨」。句下有「卧虎忽驚樵獵火，遊魚偏觸網船燈。沙堤平緑迷芳草，石谷懸流落澗冰」。〔三〕「客」，龍眠風雅作「夜」。

西湖竹枝詞　五首之一

簫鼓前山與後山，段橋時去又時還。畫船蕩漾春秋水，只在西湖兩岸間。

孫光先一首

孫光先 字烈卿，天啟間諸生。

村夜

落日下崦嵫〔一〕，霜樹挾風響。千山忽改色，岐路罕偕往。倦鳥喧平〔二〕林，驚沙飛宿莽。谷暗雲欲留，巖深月漸上。人静〔三〕多幽懷，地僻寡遠賞。傾杯足夜長，殘燈照孤幌。

校記：〔一〕『下崦嵫』，龍眠風雅作『歸何許』。〔二〕『平』，龍眠風雅作『西』。〔三〕『静』，龍眠風雅作『冷』。

孫如蘭四首

孫如蘭 字畹先，號曼衍老人，崇禎間諸生。潘蜀藻曰：『先生坐臯比談經，從遊子弟肅然矜式。甲申後，棄諸生。所爲詩如「擊賊有心惟少笏，報仇無客且懷椎」、「豈有一軍持縞素，但聞百爾載玄黄」、「豚肩不具空存豆，馬鬣雖崇未是封」，忠孝子思，藹然言表。又有句云：「丈夫自有千秋業，豈必求封萬户侯。」則先生之浮雲軒冕，其志固有所託矣。』

題曼衍草堂〔一〕 四首之一

插棘環爲堵，甯須版築勞。天隨耽杞橘，仲蔚惜蓬蒿。花影千章繪，松聲一壑濤。翛然物外意，只合讀離騷。

校記：〔一〕龍眠風雅詩題作漢陽幕中寄題曼衍草堂四首。

挽孫武公

回首中原事已非，書生百戰出重圍。壯心自許標銅柱，熱血誰知濺鐵衣？刁斗聲殘悲夜月，旌旗色變捲斜暉。慚予扣馬曾無語，空向深山賦采薇。

楮墨間生氣勃勃，有此憑吊節慜，爲不死矣。

懷戴大東鮮

何日相攜五岳遊？得逢泉石且優游。千章古木常疑晦，六月衡門却似秋。有句那堪方飽謝，絶交未敢避羊求。幽谿不減山陰道，乘興來時杖作舟。

山中初度諸弟治酒酌予時有子春之感

頻年此日倶爲客，何事今朝獨〔一〕黯然？皓首一經幽谷裏，敝裘五月夕陽前。强支病骨酬尊酒，屢啟空囊覓藥錢。縱得餘年〔二〕翻是累，不須更讀養生篇。

讀結末語，覺萇楚茗華遭時不幸者，有同感矣。

校記：〔一〕『獨』，龍眠風雅作『倍』。〔二〕『年』，龍眠風雅作『生』。

孫中麟十八首

孫中麟 字振公，號甲符，順治己未進士，有筆花集、過江草。天乙閣書目同聲堂詩選十三卷，明桐城左國棅、孫中麟、吴循、姚文焱同彙次，僧如覺序，同里吴道新後序。潘蜀藻曰：『振公初讀書金陵之靈谷寺，夢神人語之曰：「五日進士。」及登第臚傳，五日果卒，年三十有三。』

企喻歌詞

男兒筋力强，出門不思鄉。兒女手中死，何如〔一〕死戰場？

千斤犍〔二〕可舉，五石弓易彎。白髮〔三〕未滿頭，不願入玉關。

小樂府數首，爲横吹北曲，其詞奮，末猛起，多噍殺之意，故爲協調。

校記：〔一〕『如』，龍眠風雅作『似』。〔二〕『斤犍』，龍眠風雅作『鈞力』。〔三〕『白髮』，龍眠風雅作『霜華』。

琅琊王歌詞

瑯琊復瑯琊，瑯琊大道王。深閨意易怨，客途意易傷。

折楊柳歌詞

妾不如楊柳，郎攀作馬鞭。出入環郎臂，時在郎目前。

幽州馬客吟〔一〕

南山雖云高，幸與本山連。女兒雖云好，須得郎君憐。

校記：〔一〕龍眠風雅『吟』後有『歌辭』二字。

艷歌何嘗行

生男爲金吾，生女爲婕妤。園林多負郭，甲第起通衢。鄠杜田萬頃，徵收付豪奴。斜封自我下〔一〕，百寮望塵趨。珍異輸郡國，重寶敵内帑。大官賜玉饌，列鼎薦膏腴。上尊盡百斛，醉後妖姬扶。妖姬列兩行，顔色人人殊。但得長如此，豈羨列仙癯？

校記：〔一〕「斜封」句，龍眠風雅作「威福自我作」。

白頭吟

堅如山上石，白如櫝中璧。自君有他心，堅白異〔一〕疇昔。疇昔宛轉求〔二〕，中道忽棄之。今棄亦〔三〕何易？昔求亦何爲。曲池明月光，照見兩鴛鴦。禽鳥各有匹，生死不相忘〔四〕。牀上緑綺琴，是妾嫁時媒。琴絃尚可調〔五〕，奈何〔六〕棄成灰？

校記：〔一〕「異」，龍眠風雅作「非」。〔二〕「宛轉求」，龍眠風雅作「鳳求皇」。句下有「哀鳴無朝夕，鳳已得其皇」。〔三〕「亦」，龍眠風雅作「一」。〔四〕「生死」句下，龍眠風雅有「兩人皆白頭，庶保無異心。頭上髮未白，未可相信深。妾無百種態，值君情至時。妾無百種嫿，值君恩絶時」。〔五〕「琴絃」句，龍眠風雅作「新絃置在膝」。〔六〕「奈何」，龍眠風雅作「舊絃」。

詠屈平

曜靈欲合景，帝業啟嬴皇。六雄紛自滅，荆漢倍堪傷。宗衮擅英略，辭令動四方。靖共憂國恤，好修獨爲常。謡諑移君志，成言忽已忘。朝進託肺腑，夕退委遐荒。商於空有約，布衣老咸陽。逐臣還捲懷，天問徒茫茫。遠涉匪憚勞，敬止維梓桑。積誠終不悟，畢命向沅湘。信史揚徽音，日月志〔一〕争光。

校記：〔一〕『志』，龍眠風雅作『與』。

述感

大才貴忍辱，久客恒畏人。歡笑非衷曲，顔色伺要津。欲語還捫舌，在〔一〕道誠足遵。五陵多豪華，難喜復易瞋〔二〕。杯酒稍〔三〕失意，叱咤忘主賓。吞聲匿形影，屏居安賤貧。淮陰出胯下，名世愛其身。

贈縞與指囷，九京安可作？勢集朋好殷，時去親串薄。行晦多怨尤，飢寒顔已作〔四〕。出門遇貴遊，偃蹇增驚愕。微資〔五〕實菅蒯，安敢比蘭若？既無萬里風，空有三徑約。

校記：〔一〕『在』，龍眠風雅作『枉』。〔二〕『瞋』，龍眠風雅作『嗔』。〔三〕『稍』，龍眠風雅作『少』。〔四〕『行晦』二句，龍眠風雅作『悔爲弧矢誤，軀命他鄉託』，句下龍眠風雅有『賃舂吴會間，荷篠披藜藋。僕夫多怨尤，饑寒顔易怍』。〔五〕『資』，龍眠風雅作『姿』。〔六〕『有』，龍眠風雅作『違』。

陽春曲

蒿藍水漲横〔一〕塘曲，一夜東風芳草緑。平原薄靄霽融融，緑楊深護黄金屋。十里垂楊拂大堤，疏烟纖月照棠梨。平蕪廣甸初馳馬，曉日高臺早鬭雞〔二〕。陌上少年多輕薄，停鞭回首窺珠箔〔三〕。嘆息繁華倏電流〔四〕，雙飛燕子辭蘭閣〔五〕。廢緑殘紅宫井迷，揉〔六〕香徑上草萋萋。春風忍聽人離別，歸雁流鶯避鼓鼙。行吟澤畔頻搔首，蒼天萬物同芻狗。漫道青陽傷客心，春月春花亦難久。林間日暖鶯自歌，芳晨往憶舊山河。陽春一曲愁千結，欲挽韶華奈老何。

摛詞綺麗，頡頏梅村。

校記：〔一〕「横」，龍眠風雅作「金」。〔二〕「曉日」句下，龍眠風雅有「小欄名萼凌晨粲，黄蜂白蝶花前亂。美人二八臨紅樓，艶妝歡笑不知愁」。〔三〕「停鞭」句下，龍眠風雅有「清明上巳踏青忙，會向河洲贈芍葯。渭城清淚出金人，苑柳渚蘋空復春。昭陽舊日雙飛燕，獨向荆榛尋故殿。薇帳華燈久寂寥」。〔四〕「倏電流」，龍眠風雅作「如逝電」。〔五〕「雙飛」句，龍眠風雅作「寄語燕子急高飛」。句後有「莫試射鵰白羽箭」。〔六〕「揉」，龍眠風雅作「採」。

早春郡遊寄内

倏睹雲中雁，嗷嗷動客心。影孤憎皎月，夢破怯寒衾。嵐霧凌晨重，霜花入夜深。倦遊何所遇？休作白頭吟。

宫月

君恩何似〔一〕月，猶照妾愁容。魚鑰珠暉迴，椒風桂影重。姮娥偏耐寡，薄命喜相從。漏盡明河没，淒涼怨曙鐘。

校記：〔一〕『何似』，龍眠風雅作『不及』。

樓月

地迥樓陰直，天清宿霧收。風烟含萬井，砧杵動三秋。桂子當檐落，河聲近檻流。登臨愁極目，何處是滄洲？

寄懷方與三

披裘戴笠鬢成絲，寂寞離群感〔一〕歲時。湖海竟無容足地，風塵誰是買山期？因思白下千秋會，將勒黄初數子詩。鴻雁南來書信杳，伊人何以慰相思？

校記：〔一〕「感」，龍眠風雅作「且」。

宋子建招同侯研德登鳳想樓

輕舠初放此經過，重訪當年舊薜蘿。雨助暮潮銜岸闊，樓依叢桂受香多。到來逸侶充三户，共譜新聲續九歌。信是吾廬高卧穩，九峰回照滿平莎。

秋月

泬廖氣迴晚烟收，瑤鏡宵懸上玉鈎。青翰夢歸滄海曙，黄陵木落洞庭秋。藁砧結響[一]深閨怨，團扇懷恩[二]祕禁愁。羌笛塞笳悲永夜，幾人清嘯一登樓。

校記：〔一〕「結響」，龍眠風雅作「響發」。〔二〕「懷恩」，龍眠風雅作「恩衰」。

春仲夜集姚聲侯洞房刻燭限韻

銀河初向女牛瞻，春樹花深蝶粉黏。絳燭喜看金粟滿，沉香頻見博山添。懶雲入夜常依户，好雨生寒尚隔簾。年少已傳紅錦段，應將新句集香匳。

函雲先生初度

晚菘早韭佐饔飧，斗酒中宵更醉髡。自分著書營土室，應看虚席過夷門。江蘺易助騷人恨，春樹難招望帝魂〔一〕。贈縞遺風留〔二〕季札，傳經舊業付公孫。已知綺里甘薇蕨〔三〕，却望靈光峙殿垣〔四〕。星聚高陽占太史，平原世閥繼金昆〔五〕。

校記：〔一〕『春樹』句下，龍眠風雅有『甘學采薇過白日，忍隨入洛走朱軒。多時闕閱平泉貴，此日文章水部尊』。〔二〕『留』，龍眠風雅作『懷』。〔三〕『里甘薇蕨』，龍眠風雅作『季原無恙』。〔四〕『望』，龍眠風雅作『似』；『峙殿垣』作『巍獨存』。〔五〕『平原』句，龍眠風雅作『絲綸世掌必金昆』。

孫中象十三首

孫中象 字易公，號蓮溪，順治甲午舉人，有棲月堂集。連雲堂紀名録：『孫氏中象易公、中蘷卧公、中驊德公、中礎肖武、中夏威公、中岳楓麓，凡六人。』

詠懷

高堂良讌會，絃管繞羅幃。華燈燦綺席〔一〕，芳草依蘭池。公子夜行遊，冠蓋相追隨。金蕉泛瓊英，羽爵何參差。明月照華筵，綺麗有餘姿。良時不可再，歡極盡成悲。鬱鬱庭中樹，早已萎榮滋。俯視玄霜飄，仰見朱華披。倏忽嗟摇落，哀樂誰能持。

校記：〔一〕『綺席』，龍眠風雅作『鸞臺』。

升天行

雲飛仙人駐太華，結茅玉井餐丹砂。雙鳧醉踏金芙蓉〔一〕，手撚一枝珊瑚花。俯向清溪拾文藻，使我服之顏色好。應從閬苑酌瑤觴，不向崑崙鋤芝草。雞鳴天上犬雲中，翠葆〔二〕霓旌下碧空。處處金漿留許穆，家家酒脯拜壺公。有時乘風跨黃鶴，朝遊三山暮五岳。玉椀調來白鳳丹，金盤搗就玄霜藥。謁帝驂鸞上玉京，扶桑何處赤龍迎？春宵弄罷雙成笛，緱嶺同吹子晉笙。王母宫中盛開宴，飆車乘入蓬萊殿。洞陰磬和八琅璈，文琳綬挂雙龍〔三〕劍。盤中火棗大如瓜，共誰剖之蕚緑華〔四〕。丹竈沉沉炊白〔五〕雪，仙〔六〕杯細細酌流霞。酒闌宴罷看新月，攜得琪〔七〕花與白蕨。歸來不駕五雲車，冉冉清風下瑤闕。

校記：〔一〕『芙蓉』二字底本缺，據龍眠風雅補。〔二〕『葆』，龍眠風雅作『翠』。〔三〕『雙龍』，龍眠風雅作『揮精』。〔四〕『共』，龍眠風雅作『同』；『剖』作『食』。〔五〕『白』，龍眠風雅作『絳』。〔六〕『仙』字底本缺，據龍眠風雅補。〔七〕『琪』，龍眠風雅作『青』。

寄懷許松牖刺史薊〔一〕州

機雲磊落誠人傑，系出將門更奇絶〔二〕。騰驤燕市盡驊騮〔三〕，賓馬連錢真蹀躞。出宰淮南有異聞，楚州往往稱神君。予也拏舟適相遇〔四〕，射陽湖畔花如雲。入君之堂飲君酒，肝膽照人成白首。一朝頓挂神武冠，布韈青鞋歸卧久。單車又指蒼梧城，桄榔樹下鷓鴣鳴。人生宦遊那可料，蠻烟瘴雨空縱横。即今領郡漳河北，父老歡迎動顔色。如君豈第牧守才，函牛之鼎烹瀏鶩。清操惠績何嶙峋，行看曳履上星辰〔五〕。裁書爲附臨川使〔六〕，試〔七〕向天邊問許詢。

俊邁跌宕，頗近東川。

校記：〔一〕『薊』，龍眠風雅作『冀』。〔二〕『系出』句下，龍眠風雅有『君亦頗牧之子孫，居然海内文章伯。憶昔待詔明光宫，相如詞賦長沙策』。〔三〕『盡驊騮』，龍眠風雅作『驊騮空』。〔四〕『遇』，龍眠風雅作『訪』。〔五〕『行看』句下，龍眠風雅有『憐吾坎壈不得意，疲驢旅食京華春。近入龍眠領烟霧，思君不徒逡巡』。〔六〕『臨川使』，龍眠風雅作『謝靈運』。〔七〕『試』，龍眠風雅作『暫』。

姑蘇懷古

漁火孤村出，春江水亂流。張融留古〔一〕宅，范蠡有扁舟。人去琴臺冷，風歸響屧秋。艅艎何處泊？好問百花洲。

校記：〔一〕『古』，龍眠風雅作『故』。

喜　晴

曉露含山翠，新晴噪晚鴉。酒旗懸驛店，村樹隔人家。紫竹霜前笋，紅蕉雨後花。人烟行處斷，空有數椽斜。

皖上夜坐偶成

紅葉千峰遍，黄雲萬里翔。鶺鴒天外影，鴻雁月中行。旅思驚刁斗，愁懷攪鸝鶊〔一〕。年年常作客，飄泊〔二〕孟襄陽。

校記：〔一〕『鸍鶖』，龍眠風雅作『鸘鷫』。〔二〕『飄泊』，龍眠風雅作『還是』。

春仲偕諸兄弟遊椒園

荒徑椒何在？空餘勝蹟傳。山樵行樹杪，沙鷺浴寒泉。水向千峰落，花從半嶺懸。誅茅成小築，慚説李龍眠。

題葉玉相垂釣圖〔一〕

楓葉滄洲晚，烟雲破醉顔。琴彈嚴子瀨，棋覆謝公山。曳槳漁歌近〔二〕，揞〔三〕窗鶴夢閒。藕絲牽不斷，人在碧蓮灣。

校記：〔一〕龍眠風雅詩題作題葉玉相宋建湖釣魚圖。〔二〕『曳』，龍眠風雅作『木』；『近』，龍眠風雅作『小』。〔三〕『揞』，龍眠風雅作『紗』。

石城雜詠

翠旗繡帳壓城頭，堠火依稀點戍樓。古殿雲迷芳草路，故宮風散黍離秋。銅駝没盡王孫怨，玉樹歌殘帝子愁。淮水昔稱歌舞地，只今蕭瑟滿沙鷗。

上谷東方寄庵少參

鈴閣風清晝不譁，青青菜甲秀〔一〕官衙。賦詩自嘯樓頭月，行部初開戰後花。幾路乳鶯驚夜柝，千群市馬踏秋沙。新圖繪盡流〔二〕民淚，正及宵衣雨露加。

校記：〔一〕『秀』，龍眠風雅作『滿』。〔二〕『繪盡』，龍眠風雅作『新繪』。

喜大人及仲兄歸自江州

江州彈鋏早言歸，乞米何嘗可療饑。歷盡風塵知客苦，遊窮湖海覺人非。關山到處驚吹角，楚蜀頻年未解圍。猶幸潯陽波浪静，秋帆無恙抵漁磯。

倪樾公訪舊曹州歸過中都話别

訪舊曹城雙馬蹄，荷香秋老雪花低。半年作客羊裘老〔一〕，两日鄉心雁陣齊。孤劍晴雲荒禁外，斜陽碑蘚灞陵西。依人羡爾分微禄，村店先予〔二〕聽曉雞。

校記：〔一〕『老』，龍眠風雅作『短』。〔二〕『予』，龍眠風雅作『子』。

送姚仙期偕邱季貞入楚

蘆花楓葉惜孤征，何處天門是楚城？老衲齋心〔一〕能斷酒，餘生緘口〔二〕莫談兵。十年漢沔歸〔三〕龍戰，千里江湖聽〔四〕雁聲。回首釣臺秋水白，斜風殘月故人情。

按：姚名佺，秀水人，有李、何、王、李四家詩選。邱，山陽人，與兄象升皆能詩，稱『二邱』。

校記：〔一〕『齋心』，龍眠風雅作『幾時』。〔二〕『緘口』，龍眠風雅作『此去』。〔三〕『歸』，龍眠風雅作『争』。〔四〕『聽』，龍眠風雅作『一』。

孫中鳳五首

孫中鳳 字喈公，貢生，有雲溪、半舫、越閩遊草。

過南華館

條風動蘭皋，旭日生〔一〕平陸。步屧緑疇間，遠近恣遊目。庶草吐春芽，新鶯出幽谷〔二〕。桑柘起微烟，巖壑争飛瀑。萬物會乘時，吾生獨局促。漸漸麥苗秀〔三〕，凝睇〔四〕傷心曲。行歌彼何人？阡陌自驅犢〔五〕。

校記：〔一〕「生」，龍眠風雅作「泛」。〔二〕「新鶯」句下，龍眠風雅有「桃李下成蹊，阡陌時驅犢」。〔三〕「苗秀」，龍眠風雅作「秀歌」。〔四〕「凝睇」，龍眠風雅作「聽之」。〔五〕末二句，龍眠風雅作「烏頭無白時，空擊燕市筑」。

山居雜興

野闊孤烟直，溪苔積徑痕。霜花開帝女，秋草老王孫。僧步澗〔一〕邊月，虹巒林外村〔二〕。

因思避秦客，何處是桃源？

校記：〔一〕『澗』，龍眠風雅作『橋』。〔二〕『虹巒』句，龍眠風雅作『虹垂雨後村』。

片野堂即事

南郭難逃跡，東山好結廬。烟雲彭澤徑，風雨杜陵居。文草依藤几，苔痕覆石渠。隱囊詩興逸，卧對一牀書。

晚過莫愁湖

城南勝地日蕭條，况是西風萬木凋。遠樹半銜初落日，亂帆争趁晚來潮。園亭寂寂名空在，烟水茫茫恨未消。惟有寒汀沙上水〔一〕，年來年去認前朝。

校記：〔一〕『水』，龍眠風雅作『木』。

雲 門

踏碎村橋月半天，水重山復淡生烟。乍經鷲嶺千層雪，細聽曹溪一夕禪。法雨散時花影亂，佛燈清處夜珠圓。無端塵土勞勞客，別夢依〔一〕依白乳泉。

校記：〔一〕『依』，龍眠風雅作『空』。

孫中夔八首

孫中夔 字卧公，諸生，有江越、楚遊諸草、念齋集。潘蜀藻曰：『卧公爲司馬公四子。司馬遭國變，挈家浮海，卧公隨侍。晚歸居片野草堂，往來龍眠椒園，蒔花種樹，吟詩課子，以終老焉。』

實行上人歌

遠公挂錫廬陵路，浮杯忽問珠江渡。布地先營選佛場，拈花倒插菩提樹。菩提柯葉碧森森，東西遞構旃檀林。潭影山光增慧業，白雲春草静禪心。憶昔熊羆初下粤，烽火千林人迹絶〔一〕。上人入望心慘然〔二〕，法雨慈雲垂手接。上人〔三〕氣骨本嶙峋，往來人間六十春。丰神清絶〔四〕誰堪似？自寫梅花愁〔五〕向人。淋漓墨妙争稱善，摩尼珠映〔六〕呈生面。乞得疏枝壁上觀，吴山越水常相見。

校記：〔一〕『烽火』句下，龍眠風雅有『隔浦陰房海上燐，秋原野哭寒沙月』。〔二〕『上人』句下，龍眠風雅有『手弄摩尼珠五色，一聲鐘撞天門開』。〔三〕『上人』，龍眠風雅作『我公』。〔四〕『絶』，龍眠風雅作『瘦』。〔五〕『愁』，龍眠風雅作『持』。〔六〕『摩尼珠映』，龍眠風雅作『那知公自』。

過李公麟山莊舊址

居士莊〔一〕猶在，園林看轉〔二〕移。山川渾舊日，花鳥自今時。月散芳椒影，烟沉墨竹枝。閒來搜勝迹，登眺客心悲。

校記：〔一〕『居士莊』，龍眠風雅作『處士居』。〔二〕『林看轉』，龍眠風雅作『陵宋祚』。

仲夏周伯衡邀同方恬伯從子大蘇過百花洲偶成二律用李梅公先生壁間韻

東湖留勝蹟，暇日共追尋。籬落環蔬圃，烟波帶竹林。岸花僧院午，堤柳釣船陰。脱帽憑箕踞，微風上客襟。

幽人棲隱處，半圃築湖隈。蘇公亭即雲卿舊址。遺碣烟中立，虚窗水面開。鐘聲穿樹出，鳥影上花來。俱是高陽伴，山僧莫浪猜。

九華陰雨

曲曲高登最上頭，摩空陰雨客心愁。蒼巉烟暝層層寺，紅杏花開處處樓。碧澗尋來俱勝迹，金沙隨地是丹丘。獨憐供奉多遺詠，此日無從問舊遊。

黄左之攜尊過訪招董丹伯楊嘉樹歡飲竟日分十三元韻

亭午清陰滿苑繁，藥欄深處一開樽。尋芳客到常題壁，看竹人多不掩門。日落天連山翠色，雨餘階潤石苔痕。寥寥知己難同醉，酒散江樓戍角喧。

題方有懷便足樓

白社招尋素有期，籃輿曾此共追隨。雨窗啜茗深談易，春墅銜杯快睹棋。繞砌遍添新種竹，磨崕往看舊題詩。興公亭館荒涼甚，莫厭頻頻過習池。

方東來招同飲光扶升龍友峙匡飲吼雲亭分韻

古澗寒流漱雨痕，烟巒深處擘雲根。遠羅奇石支當户，細引飛泉曲繞門。竹徑鳥啼亭午樹，秧田農唱夕陽村。樓臺取次經營就，莫厭頻來醉檜軒。

孫中礎七首

孫中礎 字肖武，國學生，有書澤堂集。潘蜀藻曰：『肖武爲克咸先生子，密之先生甥，爲人倜儻豪邁，善騎射。康熙間薦宏博，以親老力辭。所著有蜨園草、江海吟。』

初晴出郭

寒多常易雨，久雨始逢晴。花老蝶無力，春喧蜂有聲。遥山衝霧出，小渚截江生。幾度行吟罷，誰憐倦客情？

入青原山寺見密之舅氏

十里青原路，桑麻幾處賒。山空響群犢，樹秃帶寒鴉。過雨看新瀑，經霜有剩花。遥遥鐘度嶺，漸近老僧家。

羊城送别姚十九望侯之新洲

忽漫離群又遠行，他鄉相送不勝情。曉風惜别沉香浦，夜雨思人竻竹城。秋落梧桐孤榻冷，窗鳴翡翠客懷清。有魚便可收長鋏，莫負龍眠舊酒鐺。

筠州即事

流風三代未全更，鋤罷還聞誦讀聲。官廨有山常勒石，民家無壁半依城。橋通市闠人忘夜，地近江潮日少晴。東酒沽來難覓醉，索錢底事苦相争。

三、四巖九如繪。

晚　泊

晚霞片片落江村，曲岸人家蚤閉門。園露小紅看荔子，衣沾滴翠坐榕根。烹鮮喜傍漁舟住，取醉常令宿酒存。水上一燈山下寺，獨留清影伴黄昏。

拜　墓〔一〕　先君與楊龍友先生合葬於桐北。

繞墓奇峰插碧霄，松楸一帶總〔二〕蕭條。已經失鹿悲天意，徒視飛鳶泣暮潮。風景不殊悲故土〔三〕，山河作氣壯前朝。飄然巾扇行軍日，空抱存劉志未消。

校記：〔一〕龍眠風雅詩題作拜司馬楊龍友先生墓。〔二〕『一帶總』三字底本缺，據龍眠風雅補。〔三〕『土』，龍眠風雅作『主』。

書　懷

枯坐無聊獨掩扉，入簾草色帶斜暉。無情蜂蜨逢春閙，不向梅花冷處飛。

孫中岳一首

孫中岳　字楓麓。

大姪書金陵回即走西安悵然念之　別裁集選

纔解征鞍又遠行，相看義氣轉縱橫。故宫荒草埋金狄，客路秋風動石麟。詞筆已從梁苑秃，詩情又向灞橋生。隴頭流水聲幽咽，似我頻年送别情。

沈歸愚評：『隨題轉折，中有全力，法從盛唐人來。』

孫大年五首

孫大年　字子穀，號不害，崇禎末諸生，有一草亭集。潘蜀藻曰：『子穀與方畬山投分最深，四方名流，如孫豹人、李屺瞻、陳簡庵皆與周旋，過蛟臺者輒致訪焉。』

獨坐

客至乃吾願，不至静亦佳。扃扉結〔一〕趺坐，坦然豁心懷。鳥聲鳴虚檐〔二〕，山翠落重階〔三〕。興發或高吟〔四〕，賞心四時〔五〕諧。豈不悵〔六〕離群？常恐交或〔七〕乖。

讀起二語，覺座上客常滿，固豪氣未除也。

校記：〔一〕「結趺坐」，龍眠風雅作「徒向寂」。〔二〕「鳴虚檐」，龍眠風雅作「檐外入」。〔三〕「山翠」句，龍眠風雅作「山色空中排」。句下龍眠風雅有「夜光月到牀，晝影花侵階」。〔四〕「興發」句，龍眠風雅作「賦詩以飲酒」。〔五〕「賞心四時」，龍眠風雅作「四時賞心」。〔六〕「悵」，龍眠風雅作「念」。〔七〕「或」，龍眠風雅作「成」。

屯田道中作

熟識屯田道，騎驢任意行。久晴湖路穩，乍暖野風輕。籬棘鈎衣綻，山禽掠樹鳴。行行川谷應，幾處采樵聲。

訪方子克〔一〕感賦

草堂孤坐夜〔二〕思我，蠟屐閒拖偶〔三〕訪君。過去年光猶〔四〕可憶，傳來時事不〔五〕堪聞。花知客到開踰好〔六〕，酒爲〔七〕愁多飲易醺。近日交遊多懶憊〔八〕，等閒不作北山文。

起二語同義山調，不嫌沿襲。

校記：〔一〕龍眠風雅「克」後，有「止飲」二字。〔二〕「夜」，龍眠風雅作「應」。〔三〕「閒拖偶」，龍眠風雅作「扶笻特」。〔四〕「猶」，龍眠風雅作「那」。〔五〕「不」，龍眠風雅作「豈」。〔六〕「花知」句，龍眠風雅作「僮知客到門先掃」。〔七〕「爲」，龍眠風雅作「以」。〔八〕「多懶憊」，龍眠風雅作「全任懶」。

獨遊

野夫到處等〔一〕閒身，策杖〔二〕幽探豈厭頻？濁酒一簾〔三〕難覓醉，清遊數里〔四〕未逢人。山腰僧寺憐〔五〕紅樹，渡口漁家老〔六〕白蘋。冉冉西風吹塞雁〔七〕，又聞嘹唳〔八〕下江濱。

三、四亂後，井里蕭條如繪。

校記：〔一〕「等」，龍眠風雅作「是」。〔二〕「策杖」，龍眠風雅作「隨意」。〔三〕「濁酒一簾」，龍眠風雅作「高興一時」。〔四〕「清遊數里」，龍眠風雅作「獨遊終日」。〔五〕「憐」，龍眠風雅作「依」。〔六〕「老」，龍眠風雅作「住」。〔七〕「塞雁」，龍眠風雅作「不斷」。〔八〕「又聞嘹唳」，龍眠風雅作「早聞寒雁」。

宮　詞

選入何曾近至尊？蛾眉不掃向長門。生來命薄休言寵，但識天顔即主恩。

孫曰書二十首

孫曰書　字安其，號墨樵，康熙間貢生，有墨樵詩概。方正泌墨樵詩序曰：『安其禔躬廉直而醇，殖學博洽以肆。操筆墨爲古文、詩歌，淋漓排奡，劌目鉥心，探抉古人奥窔，而卒沉淪淹鬱，賫志以没。安其詩，凡七帙，合一千五百餘首。生平非至篤好，安能積多若此？今爲訂取四卷，率皆幽悲哀怨，而羈旅道路、服牽所經、憑高吊古之章，微渺清吟，鏗鏘金石，慷慨悲歌，踔厲風發。其年雖不永，其詩固不遜能古之作者。』姚士藟評墨樵詩概曰：『安其天才異人，其詩久爲同輩所推許。嘗由汴入秦，望華嶽，過咸陽，度隴走棧道，登龍門、劍閣，渡涪江，至漢川，所歷之地亦皆作爲詩歌，抒其襟抱。安其善飲，一飲可一石。其所爲詩，蓋寢食於浣花而得其神髓，非止啜古人之糟粕而已也。』璈按：先生爲節愍公之孫，詩其世學也。墨樵詩概刊之於閩，里中罕有傳見。乙未春，其曾孫起端出藏本見示，録之如左。其五言如『平臺多得月，飛閣遠連山』；『馬倦金牛驛，鸞棲石燕峰』；『沙村漁父里，雲樹鹿頭關』。七言如『棗熟東家歌纂纂，瓜連南圃望綿綿』；『細雨野棠花漠漠，春風喬木鳥關關』；『流年置閏宜春暖，穀雨逢晴卜歲穰』，皆寸珠零璧也。

寄湘南

黄鵠本雙飛，離群乃獨徙。轉蓬自有根，因風任所使。天路未有極，飄摇伊胡底。若木將大鵬，乃不限尺咫。去住無非客，心隨嶽雲起。仙掌欲招呼，道遠無近耳。安得使巨靈，蜀道平如砥。登高一目窮，長劍向天倚。

禽　言　十首之一

行不得也哥哥，洞庭春水日揚波。依稀木葉翔南柯，夜月淒淒白露多。白露多可奈何，行不得也哥哥。

俯渭崖望三峰

巨靈已去遺神工，浩浩元氣開幽蹤。亂峰合沓青天小，八千歲月仙人蹤。磴隱半跬霜露滑，高垂鐵鎖藤蘿封。攀躋盡憑肘力健，濟勝無復資行笻。孿身曲脅雙膝促，宛類猱玃相追從。落雁最高通帝座，青天覆瓮雲烟重。黄河八水自鉤帶，中條少華如頹墉。下方微雨上方雪，世有四序山皆冬。羽衣揮麈尚遠導，欲往從之日下舂。飛瀑半空撑玉柱，悄然趺坐青芙蓉。何時仙人撫丹掌，笑摘蓮萼乘蒼龍。雲中玉女姍姍下，明朝奮衣登南峰。

華山一徑幽仄，青柯砰以上石磴，或僅容半武，全賴牽挽鐵繩而上，篇中歷寫奇險之境，非親至其地者，恐不解其警而確也。

登柴林 鹿湖主人之山。

回頭瞻下界，始覺度層巒。峰頂斜陽澹，山腰古木平。田園隨處得，雞犬一家安。與世無消息，長爲白眼看。

六語邈然塵外，不必舐淮南丹鼎矣。

雪蕉止宿

深林茅屋下，雲掩讀書關。明月有誰共？春風相與閒。清吟發幽竹，暮鳥歸前山。有興還沽酒，人家一水間。

青柯砰

蜿蜒躡谿澗，數折轉青柯。地狹無全屋，林開獨二窩。纔知從谷口，不見此巖阿。容磴梯空上，其如濟勝何？

自砰而上，磴道盤空，艱於攀陟。遊者至此，往往驚心回步矣。

椒園　龍眠雜詠十首之一

回谿轉青澗，梅竹淩蒼烟。幽巖入冰室，疊嶂亂飛泉。茶香雲霧窟，鹿卧芝蘭田。山水多佳色，復憶李龍眠。

先生所詠，有左氏越巢、方氏碾玉峽、吴氏似古山房、張氏賜金園、姚氏清聚山房、姚氏黄檗山房、左氏媚筆泉及椒園諸勝。今或存或廢，多非其舊矣。

遇方十述訓入都

何意相逢處，蕭蕭馬首風。鴻飛渭水北，柳暗灞橋東。小華雲嵐接，西谿烟雨通。欲言言不盡，前路惜匆匆。

伏波村 扶風

矍鑠心仍壯，奇勳定伏波。雲臺雖未盡，銅柱不能磨。才大名奚晚，功高謗自多。所思惟馬革，款段竟如何？

『功高』句拓盡漢唐以後事。伏波志在馬革裹尸，而晚年却羨騎款段馬，爲鄉里善人，正由謗多之故。章法一氣貫注。

阻雨

茅店藜牀到處安，客心何事起長嘆？一天榆莢雨初急，滿地梨花風正寒。歸雁聯翩青塞迥，故山靉靆白雲盤。還愁杜宇夜啼血，芳草垂楊春欲殘。

方十四赴青浦司訓

除命新聞京北旋，片帆秋水下由拳。鶴鳴薛澱湖中月，鱸滿吴淞江上船。三釜豈須邀寸禄？一經猶足繼前賢。會稽不及留安定，莫道儒冠誤盛年。

汴城晤王方日

秋風蕭瑟大河濱，下馬輕彈冠上塵。心憶兔園分賦客，眼看屠肆鼓刀人。隋堤衰柳終歸洛，汴水東流不向秦。莫嘆數奇仍未遇，武陵差勝布衣身。

寄懷湘南時有都門之行

巴西又轉關西路，渭北將沾冀北塵。風雪蹇驢常過灞，丘園病鶴誤遊秦。長橋寥落乘車客，九折低徊叱馭人。此去又教疏定省，轉將飢渴繫慈親。

一氣旋轉，風格殊健。

送從姪師許先赴關中

匹馬春山早著鞭，相期對酒俯秦川。眼中磊落吾將老，竹裏疏狂汝最賢。關塞極天容旅雁，烟塵滿地墮飛鳶。幽并風景看原熟，灞上楊花更可憐。

廣陵雜詠　四首之一

瓊花獨樹擅春風，不與群芳共碧叢。二十四橋看明月，天香應入廣寒宮。

漫　興

遥憶江南風景宜，梅花正發小春時。誰家短笛邀明月，吹落關山第一枝。

金陵雜詠 十二首之一

景陽樓上聽鐘聲，景陽樓下井泉清。井泉智後鐘聲歇，一片春陰覆苑城。

放燕爲王幔亭作 三首之一

羈棲倏與舊巢違，梁上呢喃細語稀。十二珠簾人盡捲，不知何處更雙飛？

漢紀將軍祠 滎陽。

車乘黄屋出鳴騶，得走成皋定大謀。何事論功酬爵土，不如雍齒汁防侯。

漢祖之報功有此曠缺，不獨韓、彭葅醢爲谿刻矣。

城南踏春詞　十首之一

由來韋曲花無賴，第五橋西一路春。山塢幾家叢竹裏，何人醉著小烏巾。

孫曰高二十六首

孫曰高　字紀常，號鴿峰，康熙間諸生，有意香齋詩集。王士鳳序曰：『鴿峰之詩闢自靈府，實關家學，清曠淡洈，奇偉博奥。如啖橄欖，咀味無窮；如聆雅奏，峰青江上。』方正珌序曰：『鴿峰賦性沉静，自幼不苟訾笑。家貧，載筆出遊，嘗之閩嶠，渡臺洋，風帆萬里。近復客歷下，足跡所經，嘗得山川之助。其爲詩劌目鉥心，伐毛洗髓。盧陵謂詩窮而益工，非詩能窮人，殆窮者而後工。殷璠曰詩人少達而多窮，左思沉於記室，鮑照終於參軍，常建淪於一尉。讀鴿峰詩者，當愛其詩之工，而惜其遇之窮矣。』男循紱識集後曰：『先君性耽吟詠，於古人詩無不研究，而手批柴桑、杜陵、輞川、襄陽、蘇州諸集，刻意摹仿。雖家無隔宿之炊，而歌聲不輟也。壯年上匡廬，遊武彝，登西山絶頂，寓情遣興、懷人吊古之章，俱爲門下生徒收拾，零落無存。惟自甲午至丙午客居山左，所遊歷下諸名勝，芒屩相從，情緣境生，悉於詩焉寓之。由曹歸里，乃就所集删存什之三四，爲意香齋集云。』

對月

望舒出海上，盈盈侵我幃。如何顛頷顔，對此好清輝。寒雀無定棲，故巢安忍違？關山處處明，不照行人歸。蕩子昨夜歡，今日誰是非？

古意

生離誠可悲，况復在遠道。十年一行淚，滴遍路傍草。齊國非我家，惄焉心如擣。難覓金壺丹，病顔日枯槁。昨暮臨高臺，水風聲浩浩。莫看參與商，與君共懷抱。

擬古 十首之一

馳驅河復關，不辨阡與陌。如何捨故鄉，而不歸田宅。役役征途子，半爲名利客。歡歌甫前日，悲傷在今夕。境遇互換間，情事中腸積。試想北邙人，年壽何曾百？春花好容顏，秋花好標格。香豔娛心意，一旦氣候摵。堅貞不自持，亦復可憐惜。

驅車上東門

辭家日永久，出郭舒我情。四顧浩茫茫，天風涵秋聲。曠野莽寒烟，晚田耒輟耕。戴笠叱牛翁，各自返柴荆。冉冉古道行，行人何所營。來者知是誰？去者不停征。梵宫僧已空，陳泥人已傾。荒徑走狡兔，灌木樵斧斤。都於我何與，商歌倏然生。持此謝世間，六鑿胸中平。

冬日書懷　二首之一

久遊夫何爲？十年仍賤貧。匪敢怨賤貧，亦不問要津。昨歲走都下，訪我平生親。今年隔天闕，飛騰入青雲。雲泥去已遠，片言莫由申。浩歌歸舊山，揮手謝故人。

懷蕉舫弟椒園

樓頭萬卷足愜意，舫軒别作讀書處。山猿叫雨虎嘯風，花落無聲月無語。城中客至平生親，登盤撥刺溪鮮新。庭前即是公麟畫，緬懷三徑種蕉人。

李嘉琬松鶴圖

神仙中人不易見，先生偶謫人間仙。我識先生塵壒外，胸懷傾洞神瑩然。生本五陵豪貴子，富貴繁華等逝水。閲人不啻恒河沙，巾不蒙頭髮垂耳。先生自異凌寒質，清聲鳴皋看一一。風儀皎皎□□□，丰骨棱棱峻千尺。我訪先生松鶴間，神仙境界非等閒。更百千年留此照，先生静對自怡顔。

雨晴入署

初日帶郊郭，涔雲散碧霄。溪光明斷岸，山影過平橋。野鳥鳴相和，林陰鬱不消。離情寄楊柳，折盡短長條。

贈龕公

齊已老禪客，柴門竟日關。扶笻秋色裏，洗鉢石泉間。細雨一花落，夕陽孤鳥還。長眉白欲盡，不出古齊山。

柬故山友人

君是山中客，難從城市逢。雲開纔見屋，濤響不分松。洗盞臨清泚，吹笙坐碧峰。不知猿鶴侶，何處逐行蹤？

湖上納涼

落日淡前汀，輕摇湖上舲。雲流高樹白，水入遠天青。野趣静詩境，荷香漾古亭。從來遊覽地，買醉不須醒。

懷槲峰七兄東粤

好友辭官去，王孫尚遠遊。山高無過雁，樹老不知秋。新月挂鄉思，寒潮蕩客愁。各天同悵望，同在仲宣樓。

送張三岵亭之西安

鴻雁一聲秋，送君隴上遊。潼關直西去，渭水自南流。白草侵邊氣，清笳入夜愁。將詩探梅信，寄向灞橋頭。

懷任齋七弟

送汝鄂州遊，歷亭楊柳秋。濤聲漢陽渡，月色武昌樓。豪氣看孤劍，生涯寄一舟。湘靈哀怨瑟，千古使人愁。

先兄湘南從祀東昌名宦

衰絰辭東郡，遮留思已深。郊原一片石，父老百年心。夜滴空階雨，燈昏古屋陰。死猶崇祀典，喜劇轉悲吟。

園居句：『黄葉村邊路，夕陽山外樓。』杜門句：『老樹寒蟬静，閒門落葉多。』水亭句：『烟孤常倚樹，雲暖不歸山。』

遣秋

銀河萬里瀉空明，一夕碪鳴寒氣生。川上人歸青笠雨，雲邊鶴應晚鐘聲。鱸魚鄉味由來美，紈扇秋風太薄情。檢點詩篇半寥落，漫郎原不重浮名。

南窗

寄傲南窗少客過，生憎簫鼓奈愁何？殷勤翠篠流清響，自在黄鸝送豔歌。夜雨欲催歸夢斷，春風不管落花多。嶺雲湖樹重重隔，朝夕思君髪已皤。

初晴

曲巷蕭蕭静掩扉，一簾爽氣散朝暉。桃花水長没漁浦，柳絮風寒侵客衣。老耳怕聽鶻有語，鄉心已在雁先歸。等閒高詠復高枕，卧看浮雲甘息機。

春　曉

既不逢人懶接䍦，無多蒜髮亂如絲。一聲啼鳥日初上，滿徑落花人起遲。欲挂酒錢宣子杖，愛吟春草謝家詩。瑯琊長史言猶在，情死何心亦可悲。

懷齊一峰客梧州

零落交遊抛故林，年華過去劇鬖鬖。花扶銅鼓巖邊屐，水送牂牁江上心。客味徧嘗窮未送，人情歷盡老猶深。髯翁竟化遼東鶴，風雨燈前思不禁。

題　畫　四首之一

隔水两三峰，過橋見石屋。碧樹洞門深，時引銜花鹿。

與客談建州風景

爲愛建州風景好，城中丘壑路千叉。前溪忽過霏微雨，紅爪香生澤瀉花。

璬嘗記前人壓花字韻新警句，類入牖景録。得此詩，又增一名句矣。

懷吴寶成還吴江

歷下同舟泛鵲湖，故人昨歲去姑蘇。吴江一夜春潮滿，尺半鱸魚釣得無？

答張雁民

數弓癖地此棲遲，茶具爐烟與性宜。亭午桃笙清夢破，一雙啼鳥上高枝。

煮　茗

一縷茶烟颺入幃，雨絲風片冷生衣。青苔黄葉少人跡，馴鶴自來還自歸。

秋　宵

泠然斗室坐秋宵，不見當年舊酒瓢。香遍桂花人未返，五更殘夢雨瀟瀟。

孫元衡四十三首

孫元衡　字湘南，貢生，康熙間官東昌知府，有赤嵌集、片石園詩。四庫書存目：『孫元衡赤嵌集四卷。』蔣陳錫赤嵌集序曰：『集爲孫君官臺灣時作，標新領異，得未曾有。令讀者駭心動魄，往復低徊，駸駸乎與韓、蘇兩公較長絜短。』王頊齡序赤嵌集曰：『湘南鶴水鍾英，龍眠韞秀。初則作宰新城，既而爲丞臺郡。放衙之暇，留意登臨；卧閣之餘，寄情翰墨。策馬珊瑚樹底，幾窮溟渤汪洋；挂帆麟鳳洲前，欲問蓬萊清淺。篷窗寂寞，聽海客之談仙；風草颼颸，傷巨虬之呑鹿。蟠蟄與潛鱗俱動，臘月鳴雷；鐵沙偕石燕齊飛，晴天起霧。備宇宙之奇觀，極古今之異事。于焉即事選詩，因時縷韻。諸體兼裁，長歌間作。四知臺畔，人挹清風；六逸堂邊，衆傳佳話。』仇兆鰲序曰：『孫君湘南以利器剸盤錯，而詩才贍逸，風雅過人。泛樓船於海外，涉不測之波濤，意致夷猶，坦然順適，遇可驚、可愕、可歌、可詠之處，必寫成佳句，貯之錦囊。曩者相國館師嘗言：「其地人文之盛，稱能詩者，首屈指孫君。」今讀其詩，不覺狂喜，如與孫君相晤對，而聽歌聲出於金石也。』汪灝序曰：『臺灣入版圖者幾三十載，孫公剖符於此。其山川、風土、人物，遇之成詩，鼓吹環譎，刻畫詭異，使讀者縮海外於眉睫，恐怖胡盧不可自已，則其心無窒礙，學有根柢，而又得山水之助者也。』萬經序曰：『吟篋隨身，錦囊貯句，苟非好事，未易言懷。至於挂席隨雲，乘風破浪。問程孤往，歷島樹之迷離；擊檝還歸，與鱟帆而上下。鯤魚夜吼，則山鬼輟吟；颶母朝飛，則爰居屏跡。鐵沙排劍，回車則九折非艱；針路飄萍，擊水則千盤似夢。君乃舒嘯援毫，聲情激盪。捧函色動，不數木華賦海之章；掩卷神飛，勝讀郭璞游仙之句。』張實居評曰：『作詩之道，每以境進得之，遊覽之助者尤多。余初讀孫公華嶽諸什，清寒奇峭，已嘆爲詩中絶境。再讀片石園稿，巉刻之中加以蒼老，又進一境。今讀茲集，則天風吹來，人跡都絶，不測是何境界矣。』王阮亭評曰：『蘇長公海外詩文，論者以爲挾大海風濤之氣。今赤嵌集追風躡電，殆無愧色，亦奇矣。集中歌行，騰踔淩厲，當爲第一。近體五言如「落日鎔天海」，所謂下一字如門關之鍵。七言如「谷鳥一聲流竹徑，山雲幾片就茅檐」；「亂山斷處天應盡，一髮窮時鳥不飛」，此類數十聯皆出創獲，必傳無疑。其裸人叢笑〔一〕篇及詠禽魚、花草諸什，又可作臺灣圖經、風土志矣。』李調元雨村詩話：『桐城孫湘南好吟詠，有片石園詩，任漢州兼攝綿州，有綿陽道中詩。綿陽即綿江，蜀都賦所謂「浸以綿洛」，綿州所由名也。近人書枋曰「沔陽古渡」，誤矣。』

校記：〔一〕『笑』，據後文選詩應爲『哭』。

望遠

秋昊蕭〔一〕以默，片雲何孤清。下證滄洲趣，萬有歸空明。南鄉爲北望，遠視無近迎。坐我混茫間，疑合復疑傾。問心夫何如？欲壯〔二〕難爲名。悔此一樽酒，臨風登古城。

王阮亭評：『是唐人選詩，風格高妙。』

校記：〔一〕『蕭』，王漁洋評點赤嵌集作『肅』。〔二〕『壯』，王漁洋評點赤嵌集作『狀』，是。

初春雜詠　八首之二

行春大海岸，心遥步已窮。洪濤奮日馭，天勢出其中。玆遊豈不壯？靈異如可通。令序感群動，瘴癘潛銷融。連檣簇〔一〕芒欆，雲席張條風。鶢鶋翔且集，無爲去魯東。粒估人遷漲海，遺我能言禽。夭桃上行喙，蔚藍明毿襟。多知豈不貴，饒舌非我〔二〕欽。粒食鮮香稻，籠置無黄金。擾以青銅鏡，翻然喜同林。韜光滅虚影，低首似沉吟。沉吟欲語誰，可以證余心。於人隔九譯，我其知爾音。

校記：〔一〕「簇」，王漁洋評點赤嵌集作「族」。〔二〕「我」，王漁洋評點赤嵌集作「所」。

詠　懷　三十首之五

玉質天所賦，守身若黄金。寒梅抱香雪，翠篠弄珍禽。未希華屋籠，愛此嘉樹林。雖有青銅鏡，不照嫫母心。獨立本遺世，詠之以善淫。龍唇鳳凰足，願以奉君琴。

重明不可塞，大圜〔一〕不可規。長風起天籟，大音聲固希。江海流浩浩，瀇瀁焉可知？

峻德藐終古，文質昭不虧。歲月疾如駛，嗟爾人命微。抱景倚寒月，含情弄光輝。楚楚蜉蝣羽，飄飖〔一〕安所歸？

濯我田中足，慨然遊王畿。一命陟邊徼，再命踰滄湄。萬里恣新感，十年多故悲。庶事攻其短，修塗鞭我疲。問心紛變計，盈耳但卑詞。豈無升斗糈〔三〕，療此朝夕飢。蓼蟲徙葵藿，甘苦不相宜。

空宇本無聲，自然發清響。含毫覜古今，操觚洞蒼莽。思風吹言泉，大海春潮廣。筆穎如劍鋒，摧堅亦攻仰。亘古不平事，指畫在孤掌。所思不能明，爲君達遐想。搜括〔四〕及蟲魚，誅求到魍魎。珍駕稅平林，延覽得真賞。枕塊憩虛恬，悠然成一往。方知功德外，音徽屬吾黨。

九皋鶴警露，九尾鶬警霜。微禽能變化，出群名故揚。飭躬古修士，守道如金湯。讀書拔陳根，猶力耕我疆。崛起從人望，不異麟與凰。緊余拙稟氣，蚩蚩猶群氓。委身作秕稗，共此斗斛量。

王漁洋評：「諸作極命莊騷，恣情山海，世間世出無所不談，亦無所不盡，洵一代之奇作。」

校記：〔一〕「圜」，王漁洋評點赤嵌集作「圓」。〔二〕「飖」，王漁洋評點赤嵌集作「飄」。〔三〕「糈」，王漁洋評點赤嵌集作「禄」。〔四〕「括」，王漁洋評點赤嵌集作「刮」。

放懷　四首之一

青雲寫我心，天宇非不遠。六合户牖間，虚空萬象偃。室中無一事，閞門可常鍵。辮髮歡晨梳，編書輟朝飯。風篁籜鳴階，雨蕙箭盈畹。壺觴非所戀，吟嘯不知晚。豈無塵事牽，暫去暮當返。嗟彼杞國人，曲肱徒繾綣。

海南入夏困於炎蒸陰晴不定次園任畦占驗持勝因次其語作歌調之

火山赤坂窯爲烘，跕跕烏鳶〔一〕墮水中。曰暘曰雨萬夫命，兩美握管窺蒼穹。占晴用陽陽用九，雌霓氣化招雄虹。丹蛇百尺吐光耀，十日並出扶桑紅。請雨者卜戊申旦，引領屏翳鞭兒〔二〕童。臛蠵臑鼊酬海若，烝鳧炙鴟天吴宫。依據周髀〔三〕騁雄辨，鐫劖造物談言工。句芒司天搴赤羽，玄武奔屬馳青驄。晞朝重輪暮重珥，星畢好雨箕好風。盲飈癘物肆憍蹇，黑氣覆船沉闇瞢。膚寸祁祁不待簇〔四〕，九芒杲杲生於東。密雲不雨理可測，陽九〔五〕化坎占惟通。流金爍石天所毒，倒井翻盆驚夏涑。兩臂一脚齊烏舞，袒身短鬼何頑凶。汙濡柱石蛟屑溼，餤赫焦烟鼉鼓諆。萍葉始生魚喁喁，蒺藜既菀蟲薨薨。陣旋庭户犇馬蟻，翅撲窗寮喧蟣蠓。老鸛鳴垤窺窟宅，拙鳩喚婦歸房櫳。魯陽戈揮返三舍，夸父棄杖行當窮。欒巴噀酒火爲滅，巫尪焚却終疲癃。輕身作犧兆桑禱，執法幽能誰汨鴻？我姑妄言君且聽，儒術自守昭昭忠。羿彈解羽黷威武，媧鍊上補天無功〔六〕。大光長世樂無極，三十六度休徵蒙。四荒以〔七〕外國窮髮，瀛壖以外〔八〕人洞胸。坐見雕題黑齒裔，肉人臨骨危其躬。農夫狼顧憂旱潦，爾獨胡狃愚頑衷。吴牛喘月土〔九〕龍喜，物性詭譎良難同。爲召黔黎解其説，答云天道猶張弓。

王漁洋評：「從天問出，故極奥洋。」

校記：〔一〕「烏鳶」，王漁洋評點赤嵌集作「鳶烏」。〔二〕「兒」，王漁洋評點赤嵌集作「群」。〔三〕「髀」，王漁洋評點赤嵌集作「鞞」。〔四〕「簇」，王漁洋評點赤嵌集作「族」。〔五〕「九」，王漁洋評點赤嵌集作「爻」。〔六〕「天無功」，王漁洋評點赤嵌集作「貪天功」。〔七〕「四荒以」，王漁洋評點赤嵌集作「大荒之」。〔八〕「外」，王漁洋評點赤嵌集作「南」。〔九〕「土」，王漁洋評點赤嵌集作「遑」。

吼尾溪

水似無定河。

雕陰山下綏州道，擂紫騮銜無定河。水回沙走不敢立，停留頃刻身蹉跎。行到天南渡吼尾，涾沲不啻重經過。自斗六門繞柴社，派分貫串東西螺。是時秋旱井泉涸，蕩潏盤𣿬旋爲渦。方春一雨黿鼉舞，縱有班匠無輕艖。當年上馬身手捷，銀鞍不動根連柯。今乘笋輿仗人力，諸蕃火伴來奔波。虬螭罔象競擎捧，爬沙百脚工騰那。昔不動顔今股栗，織愁編臆紛千梭。平生作事耿奇氣，履險弗懼心靡他。毋乃勇怯隨年改，念此迸淚雙滂沱。

王漁洋云：『得韓之氣。』

裸人叢哭篇 十六首之一

鼉鼓轟林人野哭，舉屍炊炙咈以燠。蠅蚋不敢侵，螻蟻漫相逐。埋骨無期雨頹屋，安置鬼牛與鬼鹿，鬼殘日夜傷幽獨。

原注：蕃死鳴鼓而哭，火炙令乾，露置屋中，屋傾而復掩之，所遺皆稱鬼物，無敢取者，號其婦爲『鬼殘』，衆共棄之。

雜謡 十首之三

群雞啄黍正咮咮，采莫歸來日已晡。滿堂賓客無顔色，不能出户興嗟吁。金椎控頤口含珠，髑髏昔是衣冠儒。

逼肖昌谷。

含沙伏蠱其事微，水弩夜夜隨行暉。大人無心坐觀鼻，不因鬼物張天機。要使蜩蛇遺甲蜕，並令魚兔忘筌蹄。

方水出玉珠圓折，聆龍際淵鳳窺穴。潢潢白海〔一〕爲窟魁，吸吸青雲瞻列缺。陽坡草短卧牂羊，陰壑泉枯行跛鼈。

紅夷劍歌

海潮迅澓千丈波，寶劍出匣悲風多。劍身三尺菖蒲葉，文成蝌蚪星辰羅。耿耿光明拖匹練，潢潢氣勢飛長河。繞膝柔如弓抱月，錚然脱手鏘嗚珂。壯士砍石迸陰火，應聲解物無延俄。寒燈照夜老蛟泣，冷雨入屋神龍歌。長鬚遺民向我説，兒時喪亂淪於倭。長歷荷蘭諸海〔一〕國，酷嗜長劍情靡他。蕃禁例同盜神器，得此逋竄遭蹉跎。渡海中流鬼物奪，雷公電伯頻撝訶。歸向中原迺拂拭，照見頭髮霜爲皤。良工導我開生面，千金裝飾十年磨。佩之邪心除已盡，世人不敢輕摩挲。我有墨兵久不用，覩〔二〕此神物心平和。願見聖人舞干羽，喜逢宇内銷兵戈。遺民掀髯奮〔三〕長嘯，太平對此將如何？萬事不平今已矣，掉頭蹈海雙滂沱。

王漁洋評：『起有氣勢，結句盡而不盡。』

校記：〔一〕『海』，王漁洋評點赤嵌集作『絶』。〔二〕『覩』，王漁洋評點赤嵌集作『睹』。〔三〕『奮』，王漁洋評點赤嵌集作『發』。

書懷

花事齊臺歇，公田陸海荒。十年良已倦，萬里復相望。彼岸浮鵬外，靈槎著日傍。梯航俱入貢，天盡豈他鄉。

王漁洋評：『五、六警策。』

未到滋遐想，曾翻大海瀾。望雲爲故國，見日是長安。書卷浮生事，妻孥夙世觀。枯僧容我似，應荷主恩寬。

晚　眺

他鄉莫忘〔一〕遠，獨立況黄昏。落日鎔天海，歸舟刺島門〔二〕。鷁鳾無緩剪，魚虎不空翻。此際忘機者，心情孰與論？

『落日鎔天海』，百鍊之句，正以偶然得之。

校記：〔一〕『忘』，王漁洋評點赤嵌集作『望』。〔二〕『門』，王漁洋評點赤嵌集作『亹』。

草堂落成

一畝宫初闢，情奇境自遥。移根將筭竹，分本作花蕉。爐外安棋局，瓶邊挂酒瓢。人間無用地，應不礙鷦鷯。

秋日雜詩　二十首之二

物情殊漫爛，問俗竟何如？樂事喧鼉鼓，哀音轉犢車。蕃荒逃火鹿，蕃以鹿爲糧，驚奔散謂之蕃荒。海熟上潮魚。坐理無妨陋，安恬可瑟居。欲補蟲魚註，徒多玩物情。文禽懸羽息，俗名倒挂鳥。沙蟹寄螺生。守拙蠨蛸隱，争雄蜥蜴鳴。聲大如鵲。大都觀變化，蠢蠢只空名。

元日賦得春城回北斗限城字

春信入邊城，東移斗柄橫。勢歈河漢直，光迴夜潮平。望闕瞻雲地，三年萬里情。此中瞻氣象，天海共澄清。

王漁洋評：『英華之合作。』

蘆竹莊夜坐寄在郡諸同學

雨過溼雲平，風微暑氣清。千尋山月上，一面海潮生。天外有何事？世間無此情。願言良夜永，聊以謝浮名。

綿陽道中 雨村詩話選

西風吹露溼麛裘，又到綿陽古渡頭。山老閒雲當寺起，田荒野水背村流。關前雨過獼猴滑，嶺上寒生鸚鵡愁。却笑旅懷寬未得，香醪真向卓家求。

渡海 集作望洋 別裁集選

捩舵揚帆似發機，茫洋自顧此生微。集作『望望殘春生事微，金門廈門多夕暉』。亂山斷處天應盡，一髮窮時鳥不飛。魚眼光中波閃爍，龍涎影外國依稀。集作『潮汐東西遊子路，嶕沙開闔水軍威』。壯遊奇絶平生冠，斯語東坡豈或非。集作『奚囊萬里復何有？欲〔一〕典年來兩賜衣』。

王漁洋評：『徐文長奇絶處。』

校記：〔一〕『欲』，王漁洋評點赤嵌集作『未』。

危舟得泊晚飯書懷

大海狂瀾驚轉舵，金山到似解重圍。此生不道有來日，欲往何如成獨歸。粗糲儒餐初定痛，蕭疏旅鬢忽知非。百年好是雙行脚，夢繞湖山舊翠微。

抵澎湖嶼〔一〕

孤島如梯一葦航，抗懷跋扈興相羊。身隨雲影〔二〕投清瞰，夜鼓天風過黑洋。翠蟹胎魚堪入饌，竹灣花嶼有飛觴。此間未是埋憂地，貫月浮查正渺茫。

校記：〔一〕『嶼』，王漁洋評點赤嵌集作『澳』。〔二〕『影』，王漁洋評點赤嵌集作『鳥』。

抵臺灣

浪言矢志在澄清，博得天涯汗漫行。山勢北盤烏鬼渡，潮聲南吼赤嵌城。眼明象外三千界，腸轉人間十二更。渡海以更紀程，自厦至臺計十二更。我與髯蘇俱不負〔一〕，斯〔二〕遊奇絶冠平生。蘇句。

王阮亭云：『興會筆墨都不減坡，欲不爲海外之遊，胡可得也！』

校記：〔一〕『我與』句，王漁洋評點赤嵌集作『我與蘇髯同不恨』。〔二〕『斯』，王漁洋評點赤嵌集作『玆』。

詠佛桑花

燒空處處佛桑然，寒煖花魂總放巔。大海東頭當曉日，丹山脚下對晴烟。眼明五月朱榴火，淚濺一春紅杜鵑。粉白嫩黄相映發，遥情將向洛陽天。

王阮亭云：『余使粤東作佛桑，只得二句云：「懷人二月小寒食，照眼一枝紅佛桑。」令我爽然自失。』

春興 六首之一

宜雨宜晴三月間，朝登島嶼暮沙灣。噓雲睨日千金縷，腹海邊天兩碧環。林下學占爭喚鳥，蕃人聞鳥言而知吉凶。檻邊閒譯最深山。臺山無正名，都從夷語譯出。一生心折陶元亮，止酒篇從此際删。

王漁洋評：『領聯似楊升庵，寫難狀之景，何其奇麗。』

聽海客言寄嘲北莊友人

道是求仙歷險艱，半思利涉半躋攀。千條岐路迷銀礦，言有銀山不能取。一片晴雲想玉山。言山洋然美玉，臺郡望見，若白雲一片也。貪挹龍涎乘莽葛，獨木舟名。競驅豹墨逐蜂蠻。腰細得名。非關海客談言妄，縱到瀛洲未肯閒。

王漁洋評：『如聞徐福輩語。』

海市清言

白沙洲軟長莓苔，蓋屋青林不用裁。再乳燕投孤壘宿，四時花共一瓶開。巧人西域營工到，估舶東吴載酒來。解語鸚歌成五色，更無鳥譯費疑猜。

留海外三年有作〔一〕 四首之一

推擠不去已三年，蘇句。千首詩抛海一邊。初到似逋還似謫，即今疑幻却疑仙。後車何處無前轍，大國由來是小仙〔二〕。疏懶不愁魚鳥笑，刺桐城裏得安眠。

王漁洋云：『三、四句極真。』

校記：〔一〕王漁洋評點赤嵌集詩題作留滯海外倏逾三載追維所歷不無慨焉。〔二〕『仙』，王漁洋評點赤嵌集作『鮮』。

大武觀落日

落日海西界，一輪當我門。安知大武郡，見此好黄昏。

過他里霧

翠竹陰陰散犬羊，蠻兒結屋小如箱。年來不用愁兵馬，海外青山盡大唐。蕃稱内地爲唐。

舊有唐人三兩家，家家竹徑自回斜。小堂蓋瓦窗明紙，門外檳榔新作花。

王漁洋評：『二首竹枝風味，必傳之作。』

攬鏡

半生魂夢總飛揚，關塞鬚眉氣老蒼。更莫自疑還獨笑，鬢邊不是點吴霜。

王評：『妙作。』

遣興

齒頰添香坐酒暈，檳榔古賁助扶留。青青盛向金柈小，拾翠佳人减却愁。
玻瓈濃露豔幽光，鄭宅春芽鬭粉槍。白嫩礪房調最滑，緑肥龍蝨細生香。

王評：『二詩殊不寂寞。』

憶醉 詠醉十二首之一

洛陽酒會從前事，金谷詩人少後期。三百青銅隨地數，陵風玉樹早花時。

春暮

三更風雨入庭院，落盡林花人不知。唤起春愁侵曉夢，一雙鸜鵒在高枝。

王漁洋云：『只此二十八字，非名士不能道，恨不令老坡見之。』

蝴蝶花樹

流宕春光爛漫枝，翩翻似醉更疑癡。家家一樹錦蝴蝶，是夢是花人不知。

王評：『妙。』按：集中所詠，有刺竹、羞草、葉上花樹、鳳梨、香菓樣子、鐵樹曇花、午時梅、月下香、迎年菊，各種皆内地所無者，集隘不能備登，異日誌臺事者當有取焉。

孫宏二首

孫宏　字量如，雍正間國學生。

過倪雲林祠　別裁集選

玉山池館已荒烟，清閟祠堂尚儼然。破産放情多難日，無家投老太平年。碧梧修竹騷人節，遠岫平林水墨仙。應與所南同俎豆，遺民心事畫中傳。

自注：『雲林山水不畫人，所南畫蘭不着土。兩公宜並祀一堂。』沈云：『三語指元時，四語指易代，人品畫品俱見。』

黄侍中祠　別裁集選

金川萬騎蹴烟塵，叩馬難將大義陳。妻女一時同殉節，君臣千古有完人。魂歸羅刹江聲壯，碑照秦淮血影新。咫尺孝陵松柏路，夜深風雨走青燐。

孫炳如八首

孫炳如　字堪遠，號蘇門，雍正間太學生，有蘇門詩集。張敏求序曰：『蘇門先生世居邑西門，其後家樅陽。少負雋才，工書畫，通琴理，尤精於舉業，屢試不得志。後幕遊於四方。所爲詩格正而音諧，詞麗而氣逸，遺稿散佚，其族孫碉泉於樅陽詩選外，復加搜采，共得百餘篇，曰蘇門詩存云。』

詠古　四首之二

漢武抱雄略，萬里思開邊。衛霍倚親貴，窮兵沙漠間。海内既虚耗，民命多棄捐。晚下輪臺詔，雖悔何及焉。從來盛明世，只以文德先。一朝起邊釁，數世兵禍連。所以廣平相，痛抑郝靈荃。

幼安昔困窮，所志在不苟。鋤金既不顧，富貴復何有？漢季遭喪亂，皁帽遼東走。知機脱樊籠，秉節謝圭組。不受不天中，甯爲漢遺耉。一代論真龍，南陽乃其偶。如何華子魚，靦顏稱龍首。

同瑶圃族祖遊龍眠

昔聞李伯時，在此卜幽築。偕隱有金昆，千載仰芳躅。結侣尋幽居，山莊宛在目。烟嵐影蔽虧，風泉聲斷續。巖回秘奇詭，徑轉通窅曲。壁削神鬼工，洞深雷雨伏。啄木聞幽禽，銜花見野鹿。略彴渡前溪，風漪散晴緑。朱華媚澄波，碧蘿帶茅屋。遠籟喧長松，清陰入修竹。叩户訪山翁，庭軒絶塵俗。高詠時開樽，清談共剪燭。爲我掃匡牀，夜抱白雲宿。

蒼秀得謝公之具體。

寫春牧圖題其上

我昔龍眠荷蓑笠，爾牛來思耳溼溼。就中老牸行龍鍾，夕陽在背一鴉立。自我遠客歸來遲，有田不耕草宅之。杏花春雨一犂足，長憶平疇放犢時。人生萬事俱草草，利鎖名韁令人老。一聲短笛緑楊風，騎馬何似騎牛好。我今寫作牧牛圖，偶爲家寶同璠璵。但願兒孫解叱犢，長爲識字耕田夫。

黄　州　二首之一

翰林直諫黄岡謫，團練風流赤壁來。一代江山遷客勝，竹樓纔去雪堂開。

鶴

松頂高眠夢大清，芝田欲下御風輕。只因悮入乘軒隊，減却雲霄萬里情。

雁

塞外年年别故鄉，南遊汗漫極瀟湘。可憐萬里長爲客，只是生涯在稻粱。

滕王閣

佩玉鳴鑾事已非，空餘高閣敞晴暉。百花洲上春風起，猶有滕王蛺蝶飛。

孫建勳十二首

孫建勳 字介酬，號邵山，臨曾孫，康熙戊戌武進士，御前侍衛，署陝西興漢鎮總兵，有驍騎集。方東樹傳略曰：『先生卓犖，有文武才，能詩歌、古文，善騎射。少從世父東昌君官山左，年甫冠，隸籍山東，舉康熙辛卯武闈第三人，再上公車，不第。一時公卿稱其藝能，而先生固不屑屑也。歸而讀書，稽古如儒素。甲午，天子加意人材，詔求文武兼長之士，合文武爲一途，俾通才得以互試，先生益肆力制舉之學，爲文雄渾恣肆，才氣横溢不可羈。乙未，遂試禮闈，亦不第。嗣於戊戌始成武進士，授御前侍衛，歷仕至陝西興漢鎮總兵，誥授驍騎將軍。』

除草

孟夏草正繁，開軒犯餘緑。非不怡君顔，中有數本菊。由來杜蘅芳，蕭艾不同育。一朝快芟薙，東籬采盈匊。草菊何恩怨，萬物各以族。扶之恐不直，去之恐不速。

山灘最險處

不雨雲常黑，無風浪亦興。瀨黿專伺客，山鬼敢吹燈。棺槨架深窟，茅檐居上層。偶然發長嘯，贏得萬峰膺。

望家書不到

鄉信吴山外，羈懷郢水中。短簫孤夜月，殘燭一窗風。江海帆無定，雲霄路不通。行吟任散髮，爛醉只書空。

江上

落日武陵水，蘆花送客行。幾株殘葉樹，一片野雲城。魚鳥有真意，江山無世情。鄉心夢楊子，歸路未分明。

寓望湖樓

深院絶行跡，羈人好閉關。落霞半湖水，晚翠一樓山。春在青旗外，燈明緑樹間。放歌聊自遣，神馬任躋攀。

小有天園

小憩最高峰，南山聽暮鐘。雲燒千丈石，日冷萬株松。磴道盤新築，琴臺訪舊蹤。南山亭畔有米南宫「琴臺」二字，石壁鐫温公篆書易卦。判年都不厭，坐老翠芙蓉。

白髮

白與人皆可，惟於髮不宜。開匳羞自照，岸幘畏人窺。百歲有今日，一來無去時。已嗟搔更短，並欲及鬚眉。

客意

客意已如此，逃禪沽水濱。但將愁作伴，漸與老爲鄰。衾薄寒偏劇，窗虚月自親。故山梅信動，天末有遊人。

夜泛

下瀨放船好，湖光秋氣澄。艣摇孤浦月，犬吠隔溪燈。旅客坐無睡，癡奴喚不應。雙魚何處覓？空有夜潮乘。

晚步

明嵐幾點洞庭西，步屧河橋落照低。柳外漁航棲水鸛，村前獵網賣山雞。魚鱗浪蹴風初起，麂眼籬編竹未齊。何日江皋容小隱？濁醪竟夕醉如泥。

望見華山

嵚崎策馬入函關，天半雲開見華山。十載重尋舊遊路，三峰未改昔時顔。希夷嘯月龍猶睡，玉女歎烟雁不還。惆悵晚風敷水店，無緣蠟屐一躋攀。

出　棧

大散關前落日低，楓林背指萬山齊。鞭絲帽影陳倉道，水碓聲中入寶雞。

孫循紱十首

孫循紱　字石渠，號雲樵，乾隆間諸生，有雲樵詩概。王懷坡詩概序曰：『雲樵與儕輩集，輒踞上坐，張頤奮舌，論詩源流正變及同輩利鈍，不稍假，坐皆悚聽。自其壯歲，客遊西北諸塞，出嘉峪，經安西，行路萬餘里。雪山沙磧，戎幕馳驅，而望雲呑淚，抱影哀歌，涉歷險遠，憑吊古今，一於詩焉發之。故其詩工於學杜，而得力於遊者居多。』張芸曰：『雲樵被服典茂，心情超曠，泓澄淵浩，莫測涯涘。是以觸物興歌，纏綿悱惻，不假彫琢而其氣盎然。』

長相思

生命胡爲爾？自笑虛雙丸。良人竟出塞，寶劍何時還？去去年復年，妾夢遊邯鄲。一意恆相守，甯畏飢與寒。孟夏達尺素，忍説綿力殫。願重千金軀，常向刀環看。窗樹忽摇落，結念衣裳單。裁縫稱長短，翻愧親手完。郎馬蹄蹀躞，追蹤杳難攀。安得化雲梟，飛隨度關山。舉手天宇闊，低首宵燈殘。無由訴心曲，脈脈悽以酸。

與方芋川論詩

焦桐藴希聲，不關絃上指。邃壑定維摩，禪悦松聲裹。幽懷超象外，逸響含妙理。遐想古之人，瓣香誰仰止？斗室朗冬暄，霜花餘菊蕊。一笑可餐英，玆味淡彌旨。

紀事

貴陽楊公文驄曾孫名菁，走萬里來桐謁墓。楊公與先曾王父節愍公同日殉難於閩之建陽水東，合葬於桐之麻山楓香嶺，土人呼爲『雙忠墓』。百餘年來，楊公後裔始知祖骨葬所云。

先人骨何在？耿耿百年哀。萬里大江淚，曾孫拜墓來。似醒還入夢，久冷忽燃灰。記取楓香嶺，雙忠石碣開。

送王景融入粤東文幕

竟上越王樓，真成萬里遊。瘴雲低地起，蠻海拍天流。花放四時暖，文從五嶺收。鄉心容易動，酒破鷓鴣愁。

大明湖晚步

披拂湖風水四圍，緑天漢處愛斜暉。差池小燕穿林入，自在輕鷗拍浪飛。蘆葉暗移漁子釣，柳花争上酒人衣。一痕初颺黄昏影，彷佛微茫認路歸。

戰　場

四山山靄盡淒迷，馬首愁雲晚更低。雨溼戰場新鬼哭，燈昏毳帳夜梟啼。雄心尚附殘骸骨，殺氣如聞舊鼓鼙。只有路旁嗚咽水，東流不斷注前溪。

歸化城　四首之一

穹廬四望曠無邊，地接陰山勑勒川。飛將射雕雞鹿塞，羌兒飲馬鸊鵜泉。祁連峰近看尋丈，甌脱田開少陌阡。好趁清明上青冢，傾壺一酹漢嬋娟。

偶見

遠山積雪玉槎枒，塞草青邊部落家。四月風光人乍暖，陽坡初見馬蘭花。

蘭州道上

極天秋雨四山昏，七月寒侵馬上魂。彷彿江南殘雪裏，地爐松火鍵寒門。

訪村居友人

暮鳥聲邊認路斜，小村還記第三家。高秋獨領清寒意，幾縷疏疏水蓼花。

孫顔十二首

孫顔 字求俊，號咫庵，建勳子，乾隆辛巳進士，有稻香亭吟稿。

鳳嶺

鳳嶺高無極，雲氣變未了。諸峰摩穹蒼，百盤入窅渺。馬足淩青烟，天風墮飛鳥。移向七曲關，應使雞頭小。

翁鞋

翁亦可名鞋，工深費剪裁。不勞刺史守，只道尚書來。大可雪中踐，相從圯上回。繶約良匪易，莫使惹飛埃。

讀劍南詩鈔書後

佳趣眼前得，湖村逸興偏。工於摹細景，妙不費深鐫。跡比陶元亮，年齊白樂天。誰言李唐後，無復有詩仙？

三、四評陸確甚。

常州道中

秋風黄葉客思家，夢醒横塘水一涯。范蠡城空花欲暮，春申浦斷雨初斜。冷灰未熟蘭陵酒，活火頻煎陽羨茶。雲掩椒山蒼翠裏，枉教越士怨夫差。

東亭晚步

綺榭朱欄曲折通，高柯留得夕陽紅。梧桐葉密常疑雨，楊柳枝疏不受風。近水蝦蟇争閣閣，銜人蝙蝠太匆匆。徘徊終竟無歸處，又作枯僧入定中。

别里門諸子 六首之一

軍門拜别入桑乾，底事驚心易水寒。富貴槐根雖是幻，神仙橘裏豈知酸？蹉跎白首三生夢，瞬息青雲一笑看。此别故人休問訊，萍蹤聚散任風湍。

紀事　十首之一

負土擔柴障急濤，築堤辛苦護堤勞。科頭村婦臨流坐，不許舟人下一篙。

讀板橋雜記有感

泛宅來棲白下門，讀書惟近苧蘿村。疾風不隕閒花草，誰道青樓盡負恩。

袒服針縫刃在身，埋香一夕泖湖濱。曲中幾部烟花隊，獨讓蛾眉一箇人。

姬姓葛氏，名嫩，字蕊芳，先節愍公納爲側室，及舉義雲間，以餉乏登岸，葛在舟中，適有盗登舟欲犯之，遂赴水死。板橋雜記所載與家乘不合，故附識之。

大別山

大別山前萬舸浮，夕陽猶照白雲樓。孫郎一去無消息，鐵鎖寒江斷不流。

舟中雜詠　三十首之一

細雨輕寒欲落暉，蓑衣叱犢出荆扉。江邊大半王孫草，只送行人不送歸。

西湖竹枝詞

郎問妾從何處來？候潮門外看潮回。今年潮比去年大，飛上三郎白石臺。

孫良彭八首

孫良彭　字清人，號籛齋，建勳子，乾隆間廪生，有禹峰詩集。方東樹曰：『先生少隨父任遊陝西，詩才清綺，且長於集字。早卒，年甫二十有二。遺腹子岣，亦工詩。」

秋雲

飛空橫萬里，噓氣日從龍。孤岫不時出，疏林幾處濃。黄昏迷四野，淡蕩起千峰。遥度一聲雁，鱗鱗挂古松。

秋風

昨夜西風急，蕭疏萬籟音。雁驚窮塞夢，鱸動故鄉心。葉落一林瘦，月高何處砧？涼天不成寐，壁上自鳴琴。

秋樹

玉露凋殘日，孤根樹幾叢。飄零涼雨裏，冷落夕陽中。敗葉不成緑，疏林半染紅。那知生意盡，猶自怨西風。

和扶游泛舟之作並送其省試南歸

江上天欲暮，碧烟如早秋。雨餘雲氣溼，石漱水聲幽。身世留青眼，坊名正黑頭。此行有佳興，不爲嶺猿愁。

聽符文韜鼓琴集字以贈　符，粵人。琴腹有『大唐西蜀雷霄製』七字。

房相青門會，高揮韻極悠。安絃酬古調，留字異常儔。况倚松風弄，如聞海水流。素桐憑壽世，曲罷滿庭秋。

寄慰渭西四兄兼柬七兄立文十四弟奕

肩隨兄弟久分馳，每對南鴻悵别離。兩地關河千里夢，三年隴塞一篇詩。閨中淚溼黄粱枕，時渭西有鼓盆之戚。堂上歡承白玉卮。却羨故園春草緑，謝家有弟各天涯。

蔭遠楊大滇南書至却寄

忽傳尺素遠方遺，天末懷人慰所思。動我離愁千里雁，通君消息數行詩。連雲棧外馬行急，時余隨家大人蒞興漢鎮任。玉笋山頭月上遲。好在子雲須努力，青冥重翅破風時。

秋齋聽雨

梧桐落葉滿秋庭，窗外霏微總不停。千里暮天雲已黑，一燈孤館酒初醒。閒吟寂寞偏聞響，獨坐淒清那可聽。夜半恰知寒氣重，白蘋風起蓼花汀。

孫良懿三首

孫良懿　字仲山，乾隆癸酉舉人。

言懷

馬蘭踸踔生，及時當先刈。不刈將如何？杜蘅恐蕪穢。蕾莠與揭車，清芬可同佩。異物難苟容，孤芳見吾輩。

竹柏無冬春，中心異虛實。形骸非所拘，奉此歲寒質。吾道守根蔕，焉容事雕飾。遭遇難可期，常存但孤直。

雲際思好仇，引頸勞空望。吞響在幽山，名濳理非亢。佳卉時一芳，清泉隨所向。茗茗孤生桐，何必逢牙曠？

孫良棻八首

孫良棻 字香蘅，乾隆間諸生，有愛莪山房詩存。劉大觀序曰：『梅宛陵詩云：「聖人於詩言，曾不專其中。因事有所感，因物以興通。」今讀香蘅楓香嶺詩而嘆忠臣之有後也。讀客遊諸詩而嘆詩人之多窮也。讀登臨吊古諸詩而嘆史裁卓識，淵淵乎言之有物也。其庶幾能得宛陵論詩之遺意耶？』

送孔翼諸入吴

木葉已蕭蕭，天寒正寂寥。舟從濟水去，帆下石湖遥。客路參萍梗，離人怯柳條。交親難作别，心送到虹橋。

姚婿袖江招飲信天巢

休沐清華地，林亭瀟灑心。有花能款客，拂石許彈琴。慰我十年别，剛春三月陰。郇厨櫻筍出，家釀莫停斟。

登金山

瓜渚乘風一葦杭，金鼇宛在水中央。過江惟有禪堪悦，入寺纔知世太忙。地迥樓臺齊北固，日晴烟鳥走東洋。我來極頂登躋樂，徙倚雲林憩上方。

鷓鴣

汨羅祠外舊聞聲，荔浦江頭又送迎。日暮鉤輈青草滿，春陰懊惱碧雲平。相思已譜秦人曲，掩袖空傷越女情。我涉南天數千里，勸君休唱不堪行。

平樂李晴溪郡齋度歲

重到昭潭两鬢華，鄉思相國廿年賒。酒延側柏尊中葉，歲餞寒梅嶺上花。縱有陳蕃爲地主，那堪王粲滯天涯。回頭溯我前遊跡，夢裹猶存看紫霞。

客中六十

瘴海游鴻歲月長，近謀菰米託江鄉。早驚鬢影如潘子，又減腰圍似沈郎。爲圃爲農心未遂，學書學劍事無常。於今歲月堂堂去，臧穀甯收既散羊。

贈人遊越

君厭紅塵共往還，天台雁宕得優閒。相逢半是雲霞侶，可問當年陸礴山。

初發揚州

水花歷亂雨瀟瀟，帆送行人太寂寥。二十四橋何處覓？隔江猶自聽吹簫。

孫起峘四首

孫起峘 字孚如，號岌之，顔之子，嘉慶辛酉進士，官蘇州府教授，有東畬草堂詩鈔。方植之先友記曰：『君爲人短身細弱，而清高之氣、不屑之韻，翛然出於儕類。被服修潔，儀止天逸，音辭亮越，博學强識。喜藏書，多得佳本，手自校勘，籤識精良。著有摧經齋劄記。』

方植之自江西寄詩依韻以答

平生蔗境未回甘，九萬何由得向南。三十功名空入夢，百年事業等虛談。青雲有路君方壯，白髮盈頭我自慚。庾信年來更飄泊，思鄉望遠總難堪。

秦雲漪庭菊

鶴翎蟹爪疊成堆，拓盡湘簾一舉杯。好景每從天外遇，曉花合向冷官開。空庭秋老飛黃雨，江國寒深溼碧苔。欲把落英先自笑，故園三徑久蒿萊。

歲暮書懷寄京華諸友

五十平頭白髮新，况當歲暮倍傷神。未酬鴻鵠摩天願，已作鮎魚上竹身。駿骨即今誰見市？散材何日更逢春？玉堂簪筆諸君在，獨我揮毫跡早陳。

偶成

人生貴賤如看鏡，高下風花莫漫分。一事至今堪捧腹，薛宣真欲吏朱雲。東坡句。

孫峋二十首

孫峋 字蕭築，號秋雪，良彭子，嘉慶間郡廩生，有秋雪詩鈔。方東樹曰：『先生生有異稟，敏學如夙成，詩文皆有骨幹家法。學使按臨安慶，以大觀亭覽古命賦題，先生試第一。其賦有庚子山、王子安氣體，皖中刊刻傳誦。其詩風格近韓、蘇，惜早卒，年三十五。』

錫山舟中汲惠泉試陽羡新茗同顧鶴癯作

三月盪輕舟，風帆破春溜。日夕故人對，煮茗話清晝。苦恨河水渾，一吸矧敢又。維舟惠山下，清泉出石竇。薦新試陽羡，蟹眼必親候。嫩綠入青甆，鄰舟香共嗅。昔者東都僧，嗜茶致益壽。毛髮易紺碧，快馬競馳驟。異哉景休言，刻削令人瘦。戕生自有故，詎必茶之疚。更與論茶經，蓬窗列青岫。

登韜光絶頂

山徑不逢人，秋陽淡孤影。逶迤石磴長，上接韜光頂。鑿竹通泉流，曲折若修綆。何來伐木聲，雲樵隔前嶺。巖端數椽屋，仙像肅以整。道人能敬客，杯水煮山茗。自言金蓮池，千古常清冷。群吸不知濁，日食不病癭。文魚數十頭，燦爛恣遊騁。更有煉丹臺，呂祖遺跡。極目窮滄溟。三山不可到，海日變光景。平湖當我前，一勺浮小艇。雙峰介其側，如錐初脱穎。由來此奥區，峻極入杳冥。夙昔香山翁，禪關作詩請。白香山守杭時，以詩寄韜光禪師云：『請師來伴食，齋罷一甌茶。』師答云：『白雲乍可來青嶂，明月難教下碧天。』二詩今刻金花池側。静機不復動，明月碧天迥。旨哉道人言，入耳發深省。更約藤花開，爲余作湯餅。『藤花』亦白詩中語。

康兒就塾詩以勉之

稼者不忘穫，蠶者不忘絲。飽煖固未必，耕桑宜及時。况此等身物，實乃祖父遺。所望勤幼學，無復耽兒嬉。憶汝始生日，大母親抱持。孤桐與苦竹，欣喜發孫枝。借汝慰老景，或可致期頤。所以命汝名，曰康意在兹。詎料汝未晬，白髮已長辭。我罪不自殞，汝稚夫何知。迄今五六年，橐筆尋刀錐。每作三日惡，輒繫千里思。昨聞汝就塾，入口無謦訶。每讀目數行，此亦關天資。初聞爲汝喜，繼復爲汝悲。假令大母存，當益殫恩慈。今汝母善病，貧極無方醫。衣履且不給，何論甘脃爲！汝姊長一歲，乖巧有慧姿。入塾伴汝讀，出塾助母炊。長貧累嬌小，慚憤生涕洟。但願託先澤，佑汝成佳兒。努力究小學，留心習少儀。敢期繩祖武，門户須能支。汝父不足效，壯年同伏雌。自勉復勉汝，不惜長言之。相思望不極，春雨越江湄。

六月一日避暑江心寺呈同鄉諸公

江上歇微雨，江干尋古寺。清風林下來，未飲心先醉。招提坐避暑，土牆盤薜荔。密箐亂深黑，喬松疊古翠。池水緑平堤，舉足時一悸。但見樹影横，不聞人聲至。佳哉清淨場，到此捐萬累。

題王蓬心江村夜泊圖

雲際望群峰，斷續如修綆。西風江上來，吹出烟村影。明月照平沙，天水同清冷。渡口悄無人，殘燈隔遥嶺。何處落帆聲？空江一孤艇。

岳墳

大樹遠垂蔭，中有武穆墳。虬枝背北風，鐵幹撑南雲。死且不可奪，而况生將軍。精忠誓報國，努力靖邊氛。若謂敵不滅，何以還吾君！議和固失策，通問亦虚文。身死志未遂，嚼齒空穿齦。何人跨驢過，當年亦元勳。

六一泉懷文忠公

歐陽去我七百年，高風六一傾時賢。金石琴棋渺何有？此地猶存六一泉。公昔出守累數郡，每恨不到餘杭焉。湖山本公几研物，陶鑄景象歸詩篇。老門生有眉山氏，一麾西越馳能轎。感公會哭講堂下，天泉一脈流涓涓。公身已逝公名在，泉以公名泉乃傳。即今一盞薦秋菊，猶如拜手公之筵。雲屏四壁出翠阜，飛樓兩道横長天。後人裝點非好事，風流珍重從吾前。西湖地靈人每傑，唐有白傅宋坡仙。來者爲誰不可必，令我俯仰思茫然。

錢塘江觀潮

策策池中魚，泳游樂其鄉。啯啯井底蛙，族類同相羊。二物所居不出境，焉知江濤之壯海天長。緊余初作客，挂席來錢塘。榜人指點渡江處，澄波如練空茫茫。平灘小舠忽掉尾，點篙跳浪勢倉黄。彌天風色驟變異，海門一線生晶光。斯須玉峰千萬疊，散作銀沙平遠洋。虎蛟怒擲水兕走，群靈氣結紛披猖。百里噌吰鞺鞳聲不絶，勢如千車萬馬争趍隘道旁。一波未伏一波起，又如金戈鐵馬相鬨競死傷。霎時一去二百里，但覺龍腥蜃氣淩風霜。世上奇觀甯有此，使我耳目震駭心驚惶。我聞浙江潮，一擊觀音堂。所止爲嚴灘，所經爲富陽。兩潮相續若相逐，種胥之説其荒唐。至今潮頭不近岸，得無驅逐由錢王。餘瀝細流灌田野，生民三浙樂平康。秋濤宫裏聖人至，海若效順波不揚。江頭民居螻蟻集，朝潮夕汐同尋常。

憑誰寄語築室者，平地風波未易防。吁嗟乎！平地風波未易防。

同葉肇唐登春江第一樓 在富陽觀山上。

錢塘江接海門開，春潮萬頃如奔雷。水天雲樹渾一氣，飛流直下嚴陵臺。富春城頭曠烟景，層樓高插觀山隈。憑欄一望碧天盡，芷岸蘭汀何有哉！憶昨江干值大汛，秋濤宫外聲喧豗。水兕怒立虎蛟走，耳目震駭同癡騃。今年四明望遠海，天封寶塔高崔嵬。金銀宫闕渺無極，欲攀雲脚遊蓬萊。此景未見頻想像，此景既見猶徘徊。乘風破浪尚不得，問津天漢豈凡才。葉君老筆妙天下，欲圖鴨緑光瀠洄。烟村幾點下歸雁，風笛一聲歌落梅。君爲我圖氣豪放，我爲君歌手蹋跆。何如共買竹葉舫，如魚自得鷗無猜。有時縱目還憑閣，暇日登山共舉杯。風波穩住絶塵埃，吁嗟葉君歸去來。

過靈隱寺小憩飛來峰下

路入雲林勝，修篁間野梅。寺從山背出，鐘引馬頭來。泉冷茶亭古，風微幡影開。鷲峰青可惜，極意爲徘徊。

將由金陵歸里留別穆如三弟

有弟忽云別，曰歸良亦難。秋風吹浙水，遊子去長干。壯志愁中淡，豪情病後殘。羈棲緣底事，一劍竟空彈。

三月晦日送春

杯酒相酬不用賒，任教炎景換春華。十分愛惜唯啼鳥，一樣飄零似落花。繡壁苔深蝸作字，壓簾鈎響燕還家。明朝湖上看新夏，桑柘陰陰日未斜。

柬姚待船

湖上初停白鼻騧，錢江風月又乘艖。共言兄弟如諸謝，時隨令兄傳香莅樂清二尹之任。況復山川是永嘉。五斗醉餘情倍愜，雙松哦處句同誇。可知歲暮傷離別，燈火青熒望眼賒。

芥圃書來云近與少海登山臨水狂飲若泥詩以調之

十旬風月共追隨，消受花間酒滿巵。肯向醉鄉編下户，每從詞疊用偏師。意中朋好魂兼夢，眼底湖山畫與詩。一事與君頻擬議，於今牛耳竟爲誰？

同魯星村大觀亭望江

浩浩潯陽九派流，望中波浪接天浮。雲凝蜃氣開江市，風捲龍腥撼郡樓。客到青山同避暑，歌成白紵欲驚秋。磨崖五字堪千古，不爲題名紀勝遊。

星村書『中江第一亭』五字，字皆徑二尺，勒石壁間。

妙高臺

崚嶒百級倚雲隈，寸寸苔痕掃不開。四面江山都入畫，三春花鳥又登臺。老僧慣説談禪事，遊客深思作賦才。試上妙高西極目，負瓢人駕晚潮來。

留雲亭

盤紆石磴出林扃，盡日雲封不見亭。滄海氣蒸千頃白，焦山烟罨一拳青。地非五里常籠霧，人在三霄欲摘星。最是江天奇絶處，塔鈴孤語有誰聽？

郭景純墓

九卷青囊縱渺茫，未應埋骨水中央。蟲魚註出心何細，爻卦占成命已戕。此日豐碑湊北固，當年冤血灑南岡。石簰山下潮聲激，似與陽明數二王。

王文成常夢郭景純言：『敦之作逆，導實主之。』

寶晉書院夜話柬表兄光漱六

我來下榻東坡閣，君亦懸車海嶽庵。前輩誰追千載上，名山分踞一江南。潮平近岸聲初壯，月轉危樓夢欲酣。異地相逢情話密，未妨彌勒與同龕。

春雨

愁霖偏及豔陽時，鎮日檐前説散絲。滿院落花人中酒，一燈孤館夜評詩。厭聞高樹呼鳩婦，好捲湘簾納燕兒。更向東坡樓上望，隔江芳草緑離離。

孫世昌十八首

孫世昌 字掌行，號少蘭，嘉慶壬戌進士，官潯州知府。朱蘭坡曰：『曩歲與黄藝圃、洪介亭、顧南雅、張立亭、孫少蘭、李芝齡、卓海帆、謝椒石、家詠齋諸同年，舉消寒會，拈題賦詩，少蘭屢有佳句，嘗述其祖萊亭先生守臺灣，得洋山茶植家園，今百餘年，花彌盛，因徵詩以誌先澤，用梅聖俞「南國有佳樹，花若赤玉杯」句分韻成卷，亦韻事也。』按：少蘭己巳官檢討，甲戌官御史，並充會試同考官。

擬顏延年車駕幸京口三月三日侍遊曲阿後湖作

披圖載洛幸，刻玉紀阿遊。古帝重巡狩，萬國欽聖猷。田收北湖曲，鸞和蒜山陬。春氣動陽陸，龍遊盪遠洲。雲鷁擁天畢，莎岸夾神騶。軍裝八神肅，笳鳴萬翼浮。異荂照廣野，清醴汎淨漚。劍佩侍曲水，簫鼓競中流。樂利守先德，耕鑿聞歈謳。天儀式金玉，皇度端珠旒。不敢自暇逸，懷保嗣徽柔。

下灘謡

我來灘上行，扁舟疾如駛。豁然盪胸臆，兹焉悟微旨。嗟彼水流急，中有石齒齒。就下性本善，決之東西徙。橫逆可在山，一觸怒濤起。何事不可磯，其過還在水。江河宏吐納，百怪任驅使。漂沙兼盪石，安常順其軌。藐兹膚淺形，包容能有幾。浸潤素取受，誰監媸與美？淆之紊涇渭，激則遷怒喜。反覆失厥常，對之寒徹髓。人情多險巇，斯境亦爾爾。大波與小瀾，無風浪不止。甯有投石契，柱作中流砥。哆口簸南箕，河清長瀰瀰。徒令愚者昏，弗許智者恥。君子平不平，立達參人己。可知不平鳴，凡物皆如此。我心本不競，居易循妙理。忠信涉波濤，嘉哉洵樂只！

題蔣笋崖秋林覓句小照

鬱鬱青松長，蕭蕭丹楓古。秋光淡且研，有客自容與。磐石坐忘言，詩情渺何許。昔種河陽花，今沛南山雨。鄉夢冷吴江，明心盟緑渚。流水鳴素琴，行雲回鶴羽。一嘯發孤吟，清風滿天宇。

冰牀行

半夜朔風吹樹折，五城河水堅冰結。鄙夫相逐走冰牀，波凝如砥騰瑩潔。刳木纔容三五人，底平四正施鑌鐵。痀僂飛輓冰上行，滿眼寒光驚一瞥。銅瓦走坂弩離弦，雷聲殷震蛟龍穴。我聞漢武擊王郎，滹沱陳合澌流絶。又聞慕容灝海征，三百餘里淩行譎。一時履險如履夷，儌幸成功揚駿烈。奈何輕生爭一錢，乘危不顧横雲裂。陵晨霜重鬚眉冰，撲面寒風砭肌骨。坐者還如縮藺蠶，輓者蹣跚嗤跛鼈。兩岸行人爲履驚，往來冰上行蹤滅。我見兹牀心怦怦，春冰虎尾終何説。豈不聞千金之子戒垂堂，履霜莫改君子節！

題鐵筆圖

將軍獵得管城子，蓄素懷鉛自兹始。李斯作相頗工書，磨崖巨筆製何如？岐陽有鼓先嬴秦，車攻馬同字今存。當時未鐫須上石，三品莫詢竹金銀。當塗典午競巧異，錯寶爲跗羽雜翠。試問拈來輕便無，但聞麗飾羲之棄。我謂成竹藏吾胸，棗心栗尾將毋同。神妙在意不在物，如掃落葉向下風。見君此圖良自悔，鐵樹生花斤砢磥。千人閉壁項王瞋，百鈞引鼎烏獲餧。却欣腕底别生姿，仍束柔毛蘸墨池。波折勁達力無近，傲視鼠鬚非絶奇。念今四海盛彤黍，書聖學賢斬入室。長槍大棘劇消融，聽君取鑄如椽筆。

題施蓮塘畫山水幀

天影澹空濛，山光遠近同。瀑飛懸壁峭，路斷小橋通。古刹鐘聲外，遥村樹色中。龍眠久相隔，清夢渺無窮。

山　村

臨水見孤村，春寒晝掩門。山桃低亞屋，野竹自成藩。哇小留蔬種，舟輕繫草根。此中幽意足，無復羡高軒。

夜　雨

宵柝嚴更戍，寒侵夢不成。舟中一夜雨，灘上萬軍聲。滴聽打篷碎，潮凝傍枕生。明朝幸開霽，許我挂帆行。

題白晴坡廣文小照

桂嶺鬱嵯峨，晴光十里波。幽人自貞吉，景物正清和。草色青氈舊，春風絳帳多。乘時興教育，毋事考槃歌。

題卓海飄同年風泉清聽圖

冷泉亭畔水，今古此澄清。洗耳滌塵俗，盟心養道情。在山得真意，入世勵生平。料想長松下，泠泠窗外聲。

重九日偕吴嵩少關午亭謝峻生汪小竹徐訪巖路鷺洲登黑窑廠用漁洋韻

薊北秋高候雁哀，幾人聯袂此登臺。寒生薜荔衣重襲，醉把茱萸酒一杯。雲隱斗城回日下，霜摧木落捲風來。龍原鱗舍參差裏，極望青天倦眼開。

九月十八日自圓明園回城訪吴四岳青時菊花正開歸賦此以柬之

御園趨漏散朝班，走馬城中一叩關。汲黯建麾曾發粟，羅含解組暫歸山。秋生滿徑陰晴好，人澹如花杖履閒。我欲借棲徐稚榻，細翻菊譜醉酡顔。

送路鷺洲歸省秦中

驪歌唱徹大刀環，秋柳蕭疏未忍攀。獻賦三年留粉署，思親十月度函關。華峰立馬看雲近，子舍鳴雞愛日閒。同是天涯宦遊客，幾回清夢到塗山。

送闞午亭工部歸省浙江即次元韻

幾年風月共盤桓，粉署清閒耐早寒。墨妙真同摩詰癖，詩才不愧少陵官。輕舠八日浮家穩，舊雨三秋話别難。此去西湖有相識，裁書爲我寄平安。

午夜内廷值宿

禁城新月照金鑾，宫漏聲遲聽欲闌。滿地雪消光自迴，半天星動影生寒。燈昏細讀儒林傳，衾冷常慚獬豸冠。幸際時清無缺事，諫書稀少達朝端。

古靈泉

古刹闢山麓，靈垠疏乳泉。鐘聲上方動，入暮破林烟。

題畫扇

夢桃比夢松，樹人如樹木。春風著意栽，新陰看歲熟。

芷江詩話：『楊介坪廷尉甲戌入闈，分校前數日，夢人以蟠桃贈，竊測爲十八之兆，及分房，果簽得十八。姚薦青太史即繪爲圖，同考諸君因爲題詠，時孫官侍御與分校題詩云云。』

阻風

層層古壩亘橫河，無那封姨肆虐多。鎮日艤舟行不得，鷓鴣嶺外喚哥哥。